Adieu PATRON!

Bonjour COACH!

Les Éditions Transcontinental
1100, boul. René-Lévesque Ouest
24ᵉ étage
Montréal (Québec) H3B 4X9
Tél. : (514) 392-9000 ou, sans frais, 1 800 361-5479
www.livres.transcontinental.ca

Distribution au Canada
Québec-Livres, 2185, Autoroute des Laurentides, Laval (Québec) H7S 1Z6
Tél. : (450) 687-1210 ou, sans frais,1 800 251-1210

Distribution en France
Géodif   Groupement Eyrolles – Organisation de diffusion
61, boul. Saint-Germain 75005 Paris FRANCE - Téléphone : (01) 44.41.41.81

Distribution en Suisse
Servidis S. A. – Diffusion et distribution
Chemin des Chalets CH 1279 Chavannes de Bogis SUISSE - Téléphone : (41) 22.960.95.10
www.servidis.ch

Données de catalogage avant publication (Canada)
Kinlaw, Dennis C.
*Adieu patron ! Bonjour coach ! : promouvoir l'engagement
et améliorer la performance*
(Collection Ressources humaines)
Traduction de : *Coaching for Commitment.*
ISBN 2-89472-035-1

1. Personnel - Direction. 2. Personnel - Formation. 3. Personnel - Motivation.
4. Leadership. 5. Rendement au travail. I. Titre. II. Collection.

HF5549.K5614 1997   658.3   C97-940179.8

La collection *Ressources humaines* est sous la direction de Jacques Lalanne.

Révision : Jacinthe Lesage
Mise en pages : Lorraine Froment
Conception graphique de la couverture : Studio Andrée Robillard

L'ouvrage original *Coaching for Commitment* a été publié par Pfeiffer & Company.
© 1993, Pfeiffer & Co, une marque de Jossey-Bass Inc.
© 1997, Actualisation IDH Inc., pour la traduction française

Imprimé au Canada
Dépôt légal — 1ᵉʳ trimestre 1997
4ᵉ impression, février 2001
Bibliothèque nationale du Québec
Bibliothèque nationale du Canada

ISBN 2-89472-035-1

Nous reconnaissons, pour nos activités d'édition, l'aide financière du gouvernement
du Canada, par l'entremise du Programme d'aide au développement de l'industrie
de l'édition (PADIÉ), ainsi que celle du gouvernement du Québec (SODEC), par
l'entremise du Programme d'aide aux entreprises du livre et de l'édition spécialisée.

Dennis C. Kinlaw

Docteur en éducation

Adieu PATRON!
Bonjour COACH!

Promouvoir l'engagement et améliorer la performance

Traduit de l'américain par
Jacques Lalanne et Michel Saint-Germain

Les Éditions
TRANSCONTINENTAL inc.

Note de l'éditeur

Indépendamment du genre grammatical, les appellations qui s'appliquent à des personnes visent autant les femmes que les hommes. L'emploi du masculin a donc pour seul but de faciliter la lecture de ce livre.

Préface

Les rôles de direction et de supervision évoluent rapidement tant dans les entreprises privées que dans les organisations publiques. Ils sont passés de *patron dur et distant avec ses employés* à *coach auprès de ses collaborateurs*. Le chef d'équipe actuel doit concentrer ses énergies à promouvoir l'engagement de ses collaborateurs par la qualité de sa relation interpersonnelle plutôt que par l'utilisation de son autorité. Cette transformation est plus qu'une simple mode; c'est une approche où le coach doit afficher des compétences particulières et les employer quotidiennement pour influencer constructivement la performance de son personnel.

Même si nous vivons des améliorations technologiques extraordinaires comme l'informatique et la robotique, nous avons surtout besoin de personnes compétentes et satisfaites pour exploiter ces systèmes. Nous devons tenir compte de ces personnes de plus en plus instruites qui apportent à l'entreprise de nouvelles connaissances et de nombreuses expériences.

Au travail, les gens veulent être autonomes, polyvalents et considérés. Le collaborateur autonome a une marge de décision et d'action. Son coach manifeste de la confiance en ses capacités et l'aide à résoudre les problèmes auxquels il fait face. Le collaborateur polyvalent accomplit une variété de tâches et peut ainsi élargir ses compétences en vue d'éviter de s'enliser dans la routine. Son coach lui confie des projets adaptés à ses compétences et le stimule à réussir. Le collaborateur considéré a son mot à dire dans la planification et la réalisation de son travail. Son coach lui demande souvent son opinion dans l'analyse des problèmes et ses suggestions pour améliorer la qualité. Bref, le collaborateur a besoin de soutien, d'aide, d'encadrement et d'encouragement de la part de son coach.

Tout chef d'équipe qui veut relever le défi actuel du développement de ses ressources humaines doit promouvoir l'engagement de ses collaborateurs et les amener à améliorer constamment leur performance. Le coach doit gagner la confiance de ses collaborateurs un à un, entretenir une conversation claire et stimulante avec chacun d'eux. Le coach vise à ce que ses joueurs se motivent eux-mêmes, utilisent leurs propres ressources, surmontent les obstacles et réalisent leur plein potentiel. Pour ce faire, il n'hésite pas à les confronter au besoin pour les amener à réussir ou à se dépasser.

Dans ce livre, Dennis Kinlaw nous décrit la méthode à employer pour atteindre ces objectifs et l'illustre d'exemples concrets qui en facilitent la compréhension. Les dialogues vécus entre des coachs et leurs collaborateurs démontrent clairement la pertinence et l'efficacité de cette approche. Le coach qui applique cette stratégie du coaching en situation de face à face pourra aussi l'utiliser dans un entretien à trois ou quatre personnes et même lors d'une réunion d'équipe.

En parcourant ce livre, tout directeur ou chef d'équipe découvrira que les techniques de coaching lui apportent de nombreux avantages. Il pourra se sentir mieux outillé dans son rôle de coach, maintenir une relation de qualité avec les membres de son équipe, les inciter à prendre des responsabilités et à faire preuve d'initiative pour résoudre les problèmes.

En appliquant régulièrement cette méthode et en utilisant judicieusement ces techniques, il pourra gagner du temps et diminuer le stress tant chez lui que chez ses collaborateurs et augmenter les résultats en quantité, en qualité, en sécurité et en souplesse d'action.

Depuis que je forme des gens au *coaching,* je constate avec joie que cette approche humanise les relations entre «patrons» et «employés» et permet d'atteindre des résultats de haut niveau. Ce livre vous présente une méthode précise et efficace pour devenir un coach actif, compétent et apprécié par les membres de votre équipe. Grâce à cette lecture, vous pourrez déjà réaliser des changements majeurs dans votre pratique. Je suis persuadé que sa lecture vous captivera par sa pertinence.

Claude Sévigny
Formateur et consultant
organisationnel
Actualisation
Août 1997

Table des matières

CHAPITRE 3
Le premier procédé de coaching :
la résolution des problèmes................................59

Introduction

La performance
et l'engagement

Pour améliorer et maintenir la performance, on doit savoir développer l'engagement de ses collaborateurs. Ce livre traite du coaching : c'est l'une des stratégies que tout leader peut utiliser pour développer l'engagement de ses collaborateurs. Dans ce livre, je fais part de mes 15 années passées à enseigner la valeur et les techniques du coaching à des milliers de leaders. J'y présente le coaching comme une stratégie de leadership qui a une utilité particulière pour les entreprises qui affrontent, avec leurs produits et services, la vive concurrence actuelle du marché.

La tâche du leader :
les limites du modèle fondé sur le contrôle

Les leaders sont chargés de produire des résultats — remplir des quotas de production, créer de nouveaux services, atteindre des objectifs de ventes, assurer l'excellence technique, résoudre des problèmes de systèmes complexes et réaliser une variété presque infinie de projets. Bien que, souvent, les leaders contribuent directement aux résultats grâce à leur compétence technique, ils produisent la plupart des résultats *indirectement*, grâce à la volonté et aux compétences d'autres personnes.

«Atteindre des résultats avec d'autres» : voilà une description devenue courante du travail des leaders. Cependant, cette définition est inadéquate et porte à confusion, car elle tient pour acquis que les leaders peuvent avoir un contrôle direct sur la performance des autres et ainsi atteindre les résultats désirés. Ici, le mot clé est «désirés». Si les leaders et les entreprises peuvent établir assez de normes et de consignes, faire appliquer suffisamment de règles, employer des récompenses et des punitions efficaces, et s'ils pratiquent une supervision et une évaluation rigoureuses de la performance, ils pourront atteindre un niveau *satisfaisant* de performance. Mais personne n'estime vraiment suffisante une performance satisfaisante ou moyenne. Dans un monde de concurrence internationale, si les leaders acceptent une performance satisfaisante, ils acceptent inévitablement une perte de leur avantage concurrentiel, un déclin de leur part du marché, une stagnation de la croissance de leur capital et une diminution de leur rentabilité.

Les gens peuvent se conformer, c'est-à-dire accomplir un travail satisfaisant, parce qu'ils y sont obligés. Mais ils ne font du travail *de qualité* que parce qu'ils le *veulent*.

Au cours d'une récente série de séminaires sur la productivité, j'ai demandé à chaque équipe de leaders et de collaborateurs de répondre à deux questions : «Croyez-vous que votre patron le remarquerait si vous mettiez 15 % *plus* d'effort au travail?» et «Croyez-vous que votre patron le remarquerait si vous mettiez 15 % *moins* d'effort au travail?» Les 1 500 répondants ont presque tous répondu que leur patron ne remarquerait rien si leur effort au travail variait de 15 % en plus ou en moins.

Il est évident que nous pouvons tous décider comment utiliser une grande partie de notre temps et de notre énergie. Au travail, nous pouvons en donner plus ou en donner moins et, en général, nous sommes les seuls à le savoir. Ce temps et cette énergie discrétionnaires, c'est ce qui fait la différence entre une performance satisfaisante et une performance de qualité.

Stratégies pour améliorer la performance par l'engagement

Le niveau de performance *désiré* n'équivaut pas seulement au niveau «satisfaisant». Le niveau désiré est *supérieur* et *remarquable.* Mais l'amélioration et l'excellence de la performance proviennent de ceux qui savent bien utiliser le temps et l'énergie discrétionnaires qui font la différence. La question devient alors : «Comment un leader peut-il tirer parti de ce réservoir de potentiel discrétionnaire pour améliorer la performance?»

Nous sommes témoins d'un changement majeur de la philosophie et de la pratique du leadership. Nous sommes en train de passer d'un leadership fondé sur le contrôle à un leadership fondé sur l'engagement. Toutes les stratégies majeures qui ont amélioré la performance au cours des dix dernières années ont ceci en commun : elles ont toutes augmenté l'*engagement* des collaborateurs envers la qualité et la productivité.

Ces stratégies sont nombreuses. L'une vise à amener les collaborateurs à trouver de nouvelles idées, à planifier le travail en équipe et à résoudre les problèmes. Une autre cherche à attribuer aux collaborateurs une part des profits de l'entreprise. Une troisième cherche à rendre les collaborateurs directement responsables d'unités entières de production, par exemple sous forme d'équipes autogérées. Le coaching est une autre stratégie efficace, et on peut l'utiliser seule ou la combiner à d'autres. Toutes ces stratégies ont un point en commun : elles permettent aux collaborateurs de s'engager à fournir de meilleurs résultats à partir d'un sentiment personnel d'appartenance, c'est-à-dire le sentiment que le produit ou le service leur appartient.

Les grandes lignes de ce livre

Ce livre se compose de cinq chapitres. Voici un bref aperçu de chacun.

- *Chapitre 1. Développer l'engagement.* Le chapitre 1 souligne l'importance de l'engagement, montre les effets visibles de l'engagement et définit la place centrale et le rôle déterminant du coach dans le développement de l'engagement chez ses collaborateurs.
- *Chapitre 2. Qu'est-ce que le coaching?* Ce chapitre explique les quatre compétences essentielles en

coaching, définit le coaching réussi et en détermine les critères. Il donne aussi les deux raisons majeures pour lesquelles les leaders échouent en coaching.

- *Chapitre 3. Le premier procédé de coaching : la résolution de problèmes.* Le coaching doit être compris et utilisé en tant que procédé. Le chapitre 3 décrit les caractéristiques générales d'un procédé du coaching. Il montre que le coaching requiert trois compétences — conseiller, guider et former — qui constituent le premier procédé de coaching, et une quatrième compétence — confronter et stimuler — qui constitue le deuxième procédé de coaching. Le reste du chapitre est consacré à une description détaillée du premier procédé, la résolution de problèmes.

- *Chapitre 4. Le deuxième procédé de coaching : l'amélioration de la performance.* La quatrième compétence de coaching — confronter et stimuler — constitue le deuxième procédé. Ce chapitre établit des distinctions importantes entre la confrontation et la critique. On y voit également comment les leaders rendent la confrontation difficile. Puis, on décrit le deuxième procédé, avec ses similitudes et ses différences par rapport au premier procédé.

- *Chapitre 5. Le coach, un leader efficace.* Ce chapitre constitue le résumé et la conclusion du livre. Il présente les conclusions de recherches sur les leaders efficaces et explique le rôle crucial du coaching pour améliorer la performance du leader.

À qui est destiné ce livre?

J'ai écrit ce livre, avant tout, pour les leaders. Il reflète mes 15 années d'expérience à enquêter sur les effets du coaching, à observer des leaders pratiquer le coaching et à leur enseigner les compétences et les techniques nécessaires à leur réussite comme coach.

Le terme «leaders», dans ce livre, désigne les personnes qui, dans les entreprises et les organisations, sont formellement responsables de la performance des autres ou qui dépendent du travail des autres pour atteindre leurs objectifs. Cela comprend les directeurs, les responsables, les superviseurs, les cadres, les chefs d'équipe et les coordonnateurs.

Le coaching, tel qu'il est décrit dans ce livre, s'applique aussi en général à toutes les personnes qui sont responsables de la performance d'une autre personne, par exemple les enseignants qui supervisent l'apprentissage de leurs étudiants et les parents qui supervisent le comportement de leurs enfants.

Ce livre s'adresse également aux professionnels des ressources humaines qui ont la responsabilité de promouvoir, de concevoir ou d'enseigner des programmes de formation en coaching. Ce livre fournit aux formateurs les bases théoriques nécessaires pour animer des ateliers de formation en coaching.

L'engagement des collaborateurs est la clé de l'amélioration de la performance et le coaching reste une stratégie puissante pour développer cet engagement. En formant les leaders aux procédés du coaching, les professionnels des ressources humaines peuvent influencer activement la pratique du leadership afin de satisfaire aux exigences de performance actuelles.

Chapitre 1

Promouvoir l'engagement

L'engagement des collaborateurs est la clé qui leur permettra d'améliorer continuellement leur performance. Le coaching est une stratégie efficace pour développer cet engagement.

Qu'est-ce que l'engagement?

L'engagement, comme la motivation, n'est pas une chose directement observable. On le reconnaît dans les paroles et les gestes des autres. L'engagement du collaborateur se manifeste notamment par deux types de comportement. D'abord, les collaborateurs engagés dans leur travail paraissent très concentrés sur une vision. De plus, les collaborateurs engagés sont prêts à se dépasser pour atteindre les objectifs de leur équipe ou de leur entreprise.

La vision

Les collègues de Charles, un ingénieur en aéronautique, considèrent ce dernier comme «le chercheur le plus engagé de l'équipe». Ils prennent plaisir à raconter des histoires qui illustrent cet engagement.

- Charles se lève au milieu d'un repas ou d'une fête et, sans s'excuser, retourne à son tunnel aérodynamique pour travailler à résoudre un problème ou à expérimenter une nouvelle idée qui lui est venue soudainement.
- Parfois, Charles devient tellement préoccupé par son travail qu'il oublie pendant des mois de déposer ses chèques de paie. Une fois, il a attendu si longtemps que le responsable de la comptabilité l'a retracé, a trouvé ses chèques de paie dans divers tiroirs de son bureau, l'a emmené à sa banque et les a déposés, juste pour mettre ses propres registres à jour.
- On ne sait jamais à quel moment Charles arrive à l'usine et on ne sait jamais quand il part. Les gens qui prennent rendez-vous avec lui à midi ne s'attendent jamais à ce qu'il y soit. Il peut marcher avec quelqu'un et, à mi-chemin de la cafétéria, se retourner et se diriger vers son bureau.

La vision est un des éléments essentiels de l'engagement. Parfois, cette vision est si intense qu'elle fait oublier le reste. Après l'accident de Challenger, tout le personnel de la NASA s'est concentré sur le lancement de la navette suivante. Le directeur répétait sans cesse : «Nos 10 priorités sont le prochain vol, le prochain vol, le prochain vol...»

Les enfants qui jouent nous donnent un exemple très clair de vision et d'engagement. Tous les parents savent à quel point il est difficile d'interrompre les enfants lorsqu'ils sont engagés dans un jeu, lorsqu'ils sont en train de peindre ou de construire un objet avec des blocs. Les parents ont parfois de la difficulté à obtenir que leurs enfants s'arrêtent pour les repas.

Il y a quelques années, j'étais consultant chez Bell, et j'ai été impressionné de voir à quel point tous les collaborateurs étaient concentrés sur leur travail. Chaque fois que je voulais savoir quelles étaient leurs responsabilités, leurs réponses étaient les mêmes. Acheteurs, installateurs ou monteurs de ligne, tous me répondaient : «Mon travail, c'est la tonalité.» Ces collaborateurs étaient engagés envers l'objectif suprême de l'entreprise. Ils avaient la certitude qu'apporter ou redonner la tonalité au client avait plus d'importance que tout le reste. La tonalité était le symbole d'une système téléphonique en bon état de fonctionnement, et c'était toujours leur priorité numéro un.

J'ai récemment interviewé un groupe de directeurs de projets. Ces gens travaillent habituellement dans une entreprise modulaire. Les gens à qui ils font appel pour atteindre des objectifs travaillent parfois à plusieurs projets en même temps et appartiennent en définitive aux services fonctionnels. Les directeurs de projets doivent partager les gens et les ressources avec d'autres directeurs de projets et le reste de l'entreprise. Je demandais notamment à ces directeurs : «À votre avis, quelle est la qualité ou l'attribut le plus important qu'un directeur de projet doit avoir pour réussir?» D'une façon ou d'une autre, tous m'ont dit que les directeurs considèrent le projet qu'ils sont en train de réaliser comme la chose la plus importante de l'entreprise, et ils sont persuadés que, s'ils ne parviennent pas à atteindre les buts auxquels ils se sont engagés ou remettent leur importance en question, ils seront perdus.

Tout leader qui a tenté d'assurer le «zéro défaut» des services ou des produits d'une entreprise sait que rien n'est possible si les gens qui font le travail n'ont aucun souci de la qualité. Les programmes d'amélioration de la qualité permettent d'informer les gens sur la qualité et d'attirer l'attention sur la qualité. Les inspections d'assurance-qualité peuvent constituer une façon de détecter les défauts et de découvrir les problèmes systémiques. Les cercles de qualité peuvent aider les équipes à développer les compétences qui leur permettront de cerner et de résoudre les problèmes de production. Mais, à long terme, rien ne fait autant de différence que l'engagement de chaque individu à atteindre la qualité dans chacune de ses tâches.

Sans s'en rendre compte, les leaders peuvent enseigner à leurs collaborateurs à négliger la qualité. Les leaders peuvent être si préoccupés par les quotas et avoir si peur de dépasser leurs échéances qu'ils peuvent transmettre la même peur et la même inquiétude à leurs travailleurs en mettant l'accent sur les chiffres et les profits. En insistant pour retenir la soumission la plus basse et acheter au plus bas prix, les leaders obligent les ouvriers, les techniciens et les ingénieurs à travailler avec des matériaux de qualité inférieure et à faire un travail qu'ils savent médiocre et qu'ils détestent.

Or, les gens sont naturellement disposés à s'engager à produire la qualité. *Ce ne sont pas les systèmes qui assurent la qualité, mais les gens.* Ils peuvent la fournir en dépit de systèmes médiocres. Ils peuvent la produire sans supervision. Et ils peuvent l'assurer malgré une mauvaise administration et une mauvaise supervision. Le rôle des leaders est de libérer les gens afin qu'ils puissent exercer sans crainte leur engagement à la qualité.

En faisant remplacer les pneus de mon auto, j'ai dernièrement vécu une expérience enviable. D'abord, le directeur du magasin m'a décrit en détail les marques de pneus qui étaient fabriqués dans la taille dont j'avais besoin. Il m'a parlé du bruit de la route et de la durabilité des pneus dans diverses conditions de conduite. Après avoir déterminé ma façon de conduire habituelle, il m'a recommandé la moins chère des trois marques. Quand les pneus ont été installés et équilibrés, le directeur a insisté pour que je roule quelques kilomètres afin de voir si je détectais des problèmes. Finalement, il m'a donné une description détaillée de la garantie et du service. Il m'a dit que, si j'avais une crevaison à moins de 80 kilomètres du magasin, je pouvais appeler au magasin et on m'enverrait gratuitement un préposé au service. Dix jours après l'achat de mes pneus, le mécanicien qui les avait installés m'a appelé pour voir si j'étais entièrement satisfait.

La vision de l'engagement engendre habituellement la qualité.

Le dépassement

La seule mesure certaine de la force de l'engagement, c'est probablement le degré de volonté d'une personne à se dépasser pour remplir son engagement. Bien entendu, il y a une limite au dépassement que peut atteindre une personne. Cependant, il est impossible de prédire cette limite.

Lorsque le directeur du projet Viking annonça à la NASA qu'il n'y avait «aucun congé avant le lancement», personne n'a répliqué. Même lorsqu'il a dit en décembre, avant le lancement, que «le premier de l'An est un jour de travail», personne ne s'attendait à autre chose.

Le dépassement se fonde sur la *signification.* Les gens ne s'investissent pas dans une tâche si elle ne rejoint pas leurs valeurs et si elle ne leur fournit pas un sentiment d'accomplissement. Les gens se dépassent surtout quand cela contribue à leur sentiment de valeur personnelle.

Dans les entreprises, j'entends souvent les leaders se plaindre que les responsables de service ne sont pas enga-gés envers le résultat final et n'ont aucune vue d'ensemble. Ces leaders ont peut-être raison, mais ils ne voient pas leur propre degré de responsabilité dans le problème. Deux exemples peuvent nous aider à illustrer ce point.

Lors d'une consultation chez un fabricant d'isolants, on m'a demandé de résoudre certains conflits entre la direction et les équipes sur le terrain. J'ai découvert que personne, aux finances, à la comptabilité ou aux achats, n'avait jamais vu les techniciens au travail. Ces gens n'avaient jamais vu ce que l'entreprise «faisait». Comment pouvaient-ils se sentir engagés envers le service que fournissait l'entreprise sans se sentir concernés? Comment pouvaient-ils comprendre la frustration des techniciens s'ils ne les avaient jamais vus travailler à isoler des conduites de chaleur dans des espaces chauds, sales et exigus? Il a suffi de quelques visites des membres de la direction sur le terrain pour changer les choses. Quand les membres de la direction et les techniciens se sont engagés envers la même vision du service offert par l'entreprise, le conflit a disparu.

Une pratique courante, dans les firmes d'ingénierie, consiste à obtenir des «rapports hebdomadaires» des échelons inférieurs; ces rapports se rendent au niveau suivant, puis au suivant, jusqu'à ce qu'ils atteignent la direction. À chaque niveau, les rapports sont critiqués, corrigés, raccourcis ou détaillés. Les gens sur le terrain (qui ont entamé le procédé) ne voient presque jamais le produit final, ne reçoivent jamais de mérite pour leurs contributions ni d'appréciation d'aucune sorte. Dans ces mêmes entreprises, les directeurs de projets disent souvent : «Je n'arrive jamais à amener les gens à soumettre leurs rapports à temps.» Ces directeurs se plaignent d'un manque d'engagement, mais comment peuvent-ils espérer obtenir l'engagement de gens à qui l'on demande d'accomplir une tâche qui ressemble à jeter des pierres dans un abîme sans fond?

Si l'on veut que les gens partagent le même engagement envers les objectifs et les activités de l'entreprise, on doit leur faire prendre conscience de ces objectifs et de ces activités. La signification reste le fondement de l'engagement. Une tâche n'est qu'une tâche jusqu'à ce que qu'on s'identifie à elle et qu'on voie la signification de ce qu'on fait; elle devient alors un engagement. Les gens ne se dépassent pas à moins de voir un sens à ce qu'ils font. Chacun a besoin de rattacher ce qu'il fait à un ensemble plus grand. Au travail, les gens veulent savoir comment ils contribuent au succès de leur entreprise.

En résumé, l'engagement se manifeste par le degré de détermination qu'entretiennent les gens envers un but, et la mesure la plus sûre de l'engagement se retrouve dans le dépassement personnel que les gens sont prêts à accomplir pour atteindre l'objectif.

Développer l'engagement

Si l'une des tâches principales du leader est de développer l'engagement et la vision chez ses collaborateurs, ce leader doit avoir une idée claire de l'engagement et de ses bases. On peut se représenter l'engagement comme un bloc reposant sur quatre piliers solides (voir figure 1). Les quatre bases de l'engagement sont les suivantes :

- La clarté des objectifs et des valeurs
- La compétence des collaborateurs
- Le degré d'influence des collaborateurs
- L'appréciation exprimée aux collaborateurs pour leur contribution

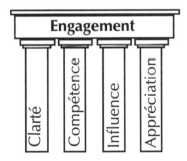

Figure 1. Les bases de l'engagement

La clarté

Dans la plupart des entreprises, la planification stratégique formelle est devenue une activité courante. La planification stratégique informelle et implicite s'y retrouve depuis toujours. Ce n'est que récemment que McDonnell Douglas a commencé à faire de la planification stratégique formelle. Mais aussi longtemps que le fondateur a été à la barre, il savait où s'en allait l'entreprise, et ses collaborateurs savaient qu'il savait.

La planification stratégique, lorsqu'elle est efficace, fait au moins deux choses : elle clarifie ce que l'entreprise veut être, et elle précise ce à quoi l'entreprise veut ressembler. La première partie de cette affirmation concerne la vision, les objectifs et les stratégies de l'entreprise. La seconde se rapporte aux valeurs fondamentales de l'entreprise.

On peut faire de la planification efficace à tous les niveaux de l'entreprise. Je connais des entreprises où l'on fait de la planification stratégique au niveau le plus élevé, seulement pour la forme : ainsi, les cadres de premier niveau se débrouillent eux-mêmes. Je connais des services dans des entreprises, où les valeurs comme la coopération et la loyauté sont fortes, en dépit de leur absence générale dans l'ensemble de l'entreprise.

Pour être engagé envers son travail, un collaborateur doit avoir une vision. La vision se crée en communiquant les objectifs stratégiques et les valeurs fondamentales de l'entreprise, de haut en bas, en passant par chaque niveau. À chaque niveau, ces objectifs et ces valeurs doivent se manifester dans le travail et les décisions de chaque leader et de chaque collaborateur.

Un ami qui dirige une équipe de recherche en électronique tient personnellement une séance de coaching de deux ou trois heures avec chaque nouveau collaborateur. Il lui présente en détail l'histoire de l'entreprise. Il lui décrit sa nature et son évolution et il lui parle de sa culture. Il passe la plus grande partie de son temps à s'assurer que le nouveau collaborateur comprend les attitudes de son entreprise envers les gens, la liberté en recherche, le respect mutuel et la responsabilité — les valeurs fondamentales de l'entreprise.

Mon dentiste a affiché ses valeurs professionnelles dans sa salle d'attente. Je n'ai jamais vu de dentiste aussi joyeux. Je me sens vraiment soulagé chaque fois que je lis : «Nous croyons que l'art dentaire se pratique sans douleur.» En plus, tous les dentistes et les techniciens de ce cabinet y croient. Avant, durant et après chaque intervention, ils s'enquièrent de mon bien-être. Je suis certain que ces dentistes voient moins de patients que leurs concurrents au cours d'une journée, mais d'après le temps qu'il faut pour obtenir un rendez-vous, ces gens ne manquent pas de clients.

On ne peut surestimer l'importance d'établir et de communiquer les valeurs de l'entreprise. On ne peut davantage mesurer la confusion et la perte de performance, qu'on encourt lorsqu'on *ne communique pas* ces valeurs ou pire lorsqu'on les communique et qu'on n'y adhère pas.

Les valeurs apportent de la clarté *si elles sont réelles.* Les leaders ne peuvent parler de qualité, puis, chaque fois qu'il y a un effort soudain à fournir, souligner que les échéances et les quotas sont les facteurs véritables. Les leaders ne peuvent dire aux contremaîtres que la qualité est prioritaire, puis leur tomber dessus chaque fois qu'ils arrêtent la production.

Bien entendu, peu de leaders travaillent dans l'entreprise idéale. Certains œuvrent dans des entreprises où l'on fait peu ou pas d'efforts pour communiquer les objectifs stratégiques et les valeurs fondamentales. Cependant, ce manque de communication ne change pas l'équation. Sans clarté, il ne peut y avoir de vision, et sans vision, il ne peut y avoir d'engagement.

Dans les ateliers de consolidation d'équipe, je demande toujours aux leaders et à leurs collaborateurs de répondre aux questions suivantes :

- Quel est votre objectif numéro un en tant qu'équipe de travail?
- Qu'est-ce qui rend cet objectif important?
- Quelles sont les valeurs réelles qui guident actuellement la performance de votre équipe de travail?
- Quelles sont les valeurs qui, à votre avis, devraient guider la performance de votre équipe de travail?

Les résultats de ces ateliers ont démontré qu'on peut augmenter la clarté à tous les niveaux de l'entreprise. C'est beaucoup plus facile, bien entendu, lorsque la haute direction agit avec clarté. Mais il ne faut pas reproduire une erreur de la haute direction à tous les niveaux de l'entreprise. Chaque leader a son rôle à jouer.

L'engagement est manifeste dans le comportement déterminé et concentré des collaborateurs qui sont prêts à se dépasser pour assurer la qualité du travail et la réussite de l'entreprise. Pour créer cette vision les leaders doivent élaborer clairement une vision claire de l'objectif et des valeurs de leur équipe de travail. Cependant, le fait d'annoncer des objectifs et des valeurs dans une équipe de travail ou une entreprise ne veut pas dire qu'elles prennent racine ou qu'elles influencent les gestes des gens. Pour que les objectifs et les valeurs deviennent des influences claires et agissantes, les leaders doivent les communiquer et les appliquer personnellement. Le coaching étant une interaction en face à face entre leader et collaborateur, c'est une stratégie de base pour développer la clarté.

La compétence

Les gens développent un engagement envers ce qu'ils croient bien faire. Les gens n'aiment pas échouer. Ils essaient d'éviter les choses qu'ils croient ne pas pouvoir faire. Pour susciter l'engagement, les leaders doivent s'assurer que leurs collaborateurs ont la capacité et la volonté de réussir leur tâche. Pour développer la compétence de leurs collaborateurs, les leaders doivent :

• s'assurer que leurs collaborateurs ont la connaissance, la compétence et l'expérience nécessaires pour accomplir leurs tâches;

• s'assurer que leurs collaborateurs aient la confiance nécessaire pour accomplir leurs tâches.

Mon travail auprès de diverses entreprises m'a convaincu que, dans leur échelle de priorités ou de responsabilités, les leaders n'accordent pas suffisamment d'importance à l'amélioration des compétences de leurs collaborateurs. J'ai demandé à des milliers de leaders : «Qu'est-ce que vous produisez? De quoi êtes-vous responsable?» Les réponses les plus fréquentes sont «des sondages, des logiciels, des rapports, des quotas, de la sécurité, du service, du profit, de nouveaux clients, des contrats remplis, des économies de coûts», etc. Les leaders répondent rarement que le développement de leurs collaborateurs se trouve au sommet de la liste de leurs responsabilités.

Certains leaders refusent même de se considérer comme responsables du développement de leurs collaborateurs. Ils disent des choses comme : «C'est leur responsabilité de se développer.», «Personne ne m'a aidé, alors pourquoi devrait-on les aider?», et «Pendant leurs heures de travail, ils font leur boulot, et s'ils veulent apprendre quelque chose, ils peuvent le faire eux-mêmes.»

Personne ne peut remettre en question l'idée que les individus ont la responsabilité ultime de leur propre développement. Mais un leader qui ne voit pas le développement de son personnel comme une de ses responsabilités fondamentales voit sa tâche à trop court terme. Les ressources humaines, tout comme les ressources matérielles ou la technologie d'une entreprise, ne peuvent se renouveler et s'améliorer d'elles-mêmes.

Le développement du personnel permet d'assurer la compétence des ressources humaines nécessaire à la réussite des affaires d'aujourd'hui et de demain. Le développement de la compétence est tout aussi essentiel au développement de l'engagement. Chacun se sent beaucoup plus engagé, c'est-à-dire désireux de faire de son mieux, lorsqu'il se voit attribuer des tâches qu'il est certain de pouvoir bien faire ou apprendre à bien faire. Les leaders qui aident leurs collaborateurs à augmenter leurs connaissances, leurs compétences et leur expérience contribuent également à développer l'engagement chez leurs collaborateurs — c'est la clé de l'amélioration et du maintien de la performance.

Comment développer la compétence? De toute évidence, il y a la formation — la formation en groupe, la formation au travail, la formation combinée, etc. Certaines entreprises ont des programmes de formation permanente ou des programmes de remboursement de frais de scolarité. Certaines soutiennent des programmes professionnels où les collaborateurs laissent leur emploi habituel durant plusieurs mois et font un stage dans un autre secteur de la société. Bien des entreprises ont maintenant des centres informatiques et des centres d'apprentissage.

La stratégie la plus personnalisée de développement de la compétence (et par conséquent, l'une des plus efficaces) est le coaching. Pour les leaders, c'est la seule façon certaine de discerner exactement ce que leurs collaborateurs ne savent pas et ce qu'ils ont besoin de savoir. Le coaching est aussi une façon de soutenir et de rassurer les collaborateurs qui entreprennent de nouvelles tâches. Le coaching facilite l'apprentissage parce qu'il se fait sur mesure et qu'il se concentre exactement sur ce que le collaborateur a besoin de savoir.

L'influence

L'influence est la troisième base de l'engagement. Les collaborateurs ne sont pas aussi efficaces lorsqu'on leur refuse régulièrement toute influence sur leur travail et qu'on leur demande d'appliquer les décisions des dirigeants sans rien dire. Les leaders qui refusent toute influence à leurs collaborateurs obtiennent les résultats qu'ils méritent. Ces résultats vont de l'ennui à la résistance passive ou même au sabotage. Bien des collaborateurs finissent par faire ce qu'on leur dit, mais pas exactement, et ils ne font rien de plus. L'une de mes caricatures préférées montre un superviseur, les yeux en panique, qui s'arrache les cheveux en disant : «Oh! mon Dieu, il a fait ce que je lui ai dit!» L'influence engendre la responsabilité, et la responsabilité engendre l'engagement.

On peut accorder de l'influence à ses collaborateurs de plusieurs façons. On peut le faire par des programmes de suggestions formelles ou spontanées des collaborateurs. On peut réunir des petits groupes et des équipes spéciales, tels que des cercles de qualité, des équipes de production et des groupes-conseils. On peut entretenir des conversations informelles et régulières entre leaders et collaborateurs.

Pour illustrer l'importance de l'influence dans le développement de l'engagement des collaborateurs à améliorer et maintenir la performance, il suffit de songer aux entreprises où les membres ont le plus d'influence, telles que les centres de recherche. Puis, on peut penser aux organisations où les membres ont le moins d'influence, telles que les prisons. Quel degré d'engagement les prisonniers ont-ils à améliorer la performance de leurs gardiens et à atteindre l'objectif de l'entreprise, la réussite de leur incarcération?

Pour accorder plus d'influence à leurs collaborateurs, les leaders peuvent utiliser le modèle présenté à la figure 2. Ce modèle propose trois zones d'influence et, pour chacune, trois sortes d'influence.

1. Innovation	2. Planification	3. Résolution de problèmes
• Contribution • Décision • Application	• Contribution • Décision • Application	• Contribution • Décision • Application

Figure 2.
Occasions d'accorder de l'influence à ses collaborateurs

L'innovation

L'innovation consiste à développer et appliquer de nouvelles idées. Les leaders peuvent engager leurs collaborateurs dans le procédé d'innovation aux trois niveaux suivants :

- La contribution : les encourager à soumettre des idées nouvelles;
- La prise de décision : leur permettre de participer aux décisions concernant les idées à expérimenter et à développer;
- L'application : les aider à expérimenter et à obtenir des appuis pour des idées nouvelles.

Il faut de la méthode pour encourager les idées nouvelles. Un collègue formateur collectionne ce qu'il appelle
«des façons spectaculaires de tuer l'innovation». Il a enre-
gistré les genres de commentaires que font certains leaders
en réaction à des idées nouvelles. En voici huit de mes
préférés :

- «Notre problème est différent.»
- «Il y a du pour et du contre.»
- «Soyons réalistes.»
- «Nous allons étudier ça.»
- «Ça vient en contradiction avec nos consignes.»
- «Le patron n'aimera pas ça.»
- «Nous avons déjà essayé ça.»
- «Ce n'est pas le moment d'essayer ça.»

La planification

Les leaders peuvent également fournir à leurs collaborateurs des occasions de participer à la planification de l'entreprise, par exemple en planifiant avec eux le travail, le
budget, les changements organisationnels, en établissant des
objectifs de travail en équipe, etc. On peut favoriser
l'engagement chez ses collaborateurs de trois façons :

- La contribution : leur demander de fournir de l'information, des données et des suggestions de budget,
  d'objectifs d'équipe, de planification de changements,
  etc.;
- La prise de décision : prendre les décisions en équipe
  dans l'élaboration des plans;

- L'application : leur demander de choisir des stratégies d'application, d'évaluation et de modification de plans.

La résolution de problèmes

Les leaders peuvent aussi accorder de l'influence à leurs collaborateurs en leur donnant la chance de travailler à régler des problèmes des trois façons suivantes :
- La contribution : identifier les problèmes, examiner les données, fournir de l'information et de l'expertise technique;
- La prise de décision : participer aux décisions concernant la définition des problèmes et le choix des problèmes qu'on traitera, etc.;
- L'application : concevoir des solutions, entreprendre et évaluer des stratégies, etc.

Le coaching est essentiel lorsqu'il s'agit d'accorder de l'influence à ses collaborateurs. Dans leurs conversations de coaching, les leaders permettent à leurs collaborateurs de déterminer leurs propres besoins et d'aider à trouver des façons de satisfaire ces besoins. Le coaching peut amener les collaborateurs à établir eux-mêmes leurs attentes face à leur propre performance et à leurs propres objectifs de carrière. Il peut les aider à trouver des façons d'améliorer leur travail et leur performance. Bref, il peut devenir la stratégie principale de supervision pour accorder aux collaborateurs la chance d'exercer une influence sur les modalités et la nature de leur travail.

L'appréciation

La quatrième base de l'engagement, c'est l'appréciation. D'après une de mes théories (non vérifiée), pour connaître les sentiments des gens face à leur entreprise et à leur travail, on doit visiter les toilettes.

Dans un endroit où j'interviens régulièrement comme consultant, les toilettes sont toujours immaculées. Une fois, alors qu'un panonceau «Nettoyage en cours» était accroché à la porte, j'ai saisi l'occasion de féliciter le concierge. Puis, je lui ai demandé : «Pourquoi faites-vous toujours un travail aussi remarquable?» Il m'a répondu : «Parce que je sais que tout le monde l'apprécie quand c'est bien fait.» J'ai découvert plus tard que son directeur de service prend régulièrement le temps de remercier le concierge de son travail. Un jour, il a même préparé une lettre d'appréciation et a fait monter le concierge à l'étage pour qu'il la reçoive du directeur général!

Au cours des trois dernières années, j'ai sondé une douzaine d'entreprises pour déterminer les perceptions des collaborateurs quant à cinq facteurs éprouvés qui peuvent servir à prédire la performance d'une entreprise. Ces facteurs sont la clarté, l'équité, la réceptivité, l'engagement et l'appréciation. De l'avis des collaborateurs, l'appréciation reste le facteur le plus négligé.

Un dirigeant autoritaire m'a dit un jour : «À mon avis, l'appréciation que vous obtenez quand vous faites du bon travail, c'est de garder votre emploi!» Dans le monde actuel, cela ne fonctionne tout simplement pas. L'engagement à améliorer la performance est fonction de la clarté, de la compétence, de l'influence *et* de l'appréciation. Les gens donnent le meilleur d'eux-mêmes lorsqu'ils ont la certitude que leur travail a de l'importance pour quelqu'un d'autre — surtout leur patron.

L'important est de savoir comment faire augmenter la valeur des gestes d'appréciation (surtout les gestes spontanés) afin qu'ils aient un effet maximal. Bien entendu, on doit reconnaître une amélioration de la performance. Mais on doit savoir apprécier autre chose encore. L'accomplissement, c'est bien plus qu'un travail bien fait. Cela comprend tout aussi bien «être là» dans les moments difficiles (comme durant une restructuration ou une vérification par le fisc), être un collaborateur loyal pendant 10 ou 20 ans, accomplir sans cesse une tâche ingrate et ennuyeuse, et néanmoins bien la faire. Cela comprend même avoir le courage de répondre au patron. Les collaborateurs se sentent souvent plus appréciés lorsqu'on reconnaît leurs difficultés que lorsqu'on apprécie leur performance.

Une autre façon de valoriser l'appréciation, c'est de la transmettre de façon personnelle. Une jeune ingénieure que je connais a encadré et accroché au mur une enveloppe qui porte, griffonnée, l'inscription : «PRIX D'ENDURANCE DE LA SECTION ANALYSE DES DONNÉES». On lit en dessous : «Présenté pour la première fois à Jeanne Pépin pour son courage et sa persévérance extraordinaires devant la critique injustifiée et dévastatrice de l'ennemi.» Jeanne a reçu son prix lorsqu'elle a livré une présentation au président qui ne cessait de l'interrompre par des commentaires cyniques et des remarques négatives. Le superviseur de Jeanne essayait de limiter les dégâts et de l'appuyer. Lorsque Jeanne s'est rassise, son superviseur s'est penché sur son épaule et lui a présenté le premier «Prix d'endurance de la section Analyse des données». Jeanne accordait autant de valeur à cette récompense à cause de son caractère unique. Ce prix était distinct et unique pour elle; c'était une réaction particulière à son travail acharné et aux difficultés auxquelles elle avait fait face.

Une troisième façon d'ajouter du panache à l'appréciation, c'est de faire quelque chose de créatif ou même d'audacieux. «Héros du mois» a beaucoup plus de mordant que «Collaborateur du mois». On pourrait décerner un prix «Débutant de l'année» au meilleur nouveau collaborateur. Un chef d'entreprise que je connais décerne un prix «Le dauphin zélé» où la photo d'un dauphin sert d'arrière-plan à un mot de remerciement écrit de sa main.

Une quatrième clé pour valoriser l'appréciation, c'est de la rendre publique. Certains leaders que je connais essaient de visiter tous leurs secteurs de travail à la fin de chaque semaine pour faire le point, dire merci et offrir des encouragements. L'un d'entre eux le fait avec style. Il dit à ses collaborateurs de cesser de travailler, puis il demande à l'un d'eux de se tenir debout à ses côtés pendant qu'il fait son éloge durant trois à cinq minutes pour célébrer la contribution de cette personne pour la semaine.

Les quatre bases de l'engagement sont la clarté, la compétence, l'influence et l'appréciation. Quand les leaders s'assurent que ces quatre facteurs sont présents au travail, ils forment des collaborateurs qui ont la vision et la volonté de dépassement que nous appelons l'engagement.

Le rôle particulier du coach

Tout au long de ce chapitre, j'ai souligné à quel point le coaching est important pour développer l'engagement. Le chapitre 2 présentera une définition du coaching, et les chapitres subséquents expliqueront en détail pourquoi le coaching a un rôle fondamental et déterminant dans le développement de l'engagement des collaborateurs, et comment il fonctionne.

Dans certaines entreprises, tout le monde court aux abris en voyant arriver le patron. Ils savent qu'à leur grand désarroi leurs défauts seront exposés en détail ou qu'une autre tâche leur sera assignée. Dans d'autres entreprises, les collaborateurs savent que les visites des cadres supérieurs ne se font que pour la forme. Le cadre pose quelques questions, s'arrête à peine pour entendre la réponse, puis passe à autre chose.

La plupart d'entre nous réagissons au contact personnel. Nous voulons que nos leaders nous connaissent et comprennent nos besoins particuliers. Nous voulons être écoutés quand nous faisons des suggestions. Nous ne voulons pas être tenus pour acquis ou nous faire dire tout simplement de nous adapter aux changements de normes et de pratiques organisationnelles.

Le coaching est le procédé par lequel les leaders restent en contact avec leurs collaborateurs. Même s'ils font des pieds et des mains, les leaders n'arriveront pas à tirer le meilleur de leurs collaborateurs à moins qu'ils n'usent de leurs qualités de coach. *Le coaching, c'est le leadership en face à face.* Chaque conversation entre un leader et son collaborateur est potentiellement une conversation de coaching. C'est l'occasion de clarifier des objectifs, des priorités et des normes de performance. C'est l'occasion de réaffirmer et de renforcer les valeurs fondamentales du groupe. C'est l'occasion d'entendre des idées et d'engager ses collaborateurs dans la planification et la résolution de problèmes. Par-dessus tout, c'est l'occasion de dire «merci».

Résumé du chapitre 1

1. L'engagement des collaborateurs est la clé de l'amélioration de la performance d'une entreprise.

   L'engagement se définit par :
   - un comportement axé sur une vision;
   - la volonté de se dépasser pour la réussite de l'entreprise.

2. L'engagement se fonde sur :
   - la clarté des objectifs et des valeurs;
   - la compétence des collaborateurs qui permet de réussir;
   - le degré d'influence des collaborateurs;
   - l'appréciation qu'on manifeste à ses collaborateurs pour leur contribution.

3. Le coaching est la clé de l'engagement des collaborateurs parce que c'est le leadership en face à face qui fournit des moyens et facilite les choses. Il libère les gens et leur permet de faire ce qu'ils veulent : démontrer leur engagement à faire de leur mieux.

Chapitre 2

Qu'est-ce que le coaching?

J'ai pris conscience de la diversité des définitions du terme «coaching» quand, à la demande de mes clients, j'ai commencé à enseigner le coaching à leurs leaders. Certains de ces clients songeaient à donner à leurs collaborateurs de l'information pertinente sur leur performance ou à réviser et à adapter leurs objectifs de performance. D'autres cependant voyaient le coaching comme une façon de donner des encouragements et de l'inspiration : c'était une sorte de discours de motivation. Toutefois, mes clients parlaient surtout du coach comme d'un «conseiller en performance» ou le voyaient faire du «coaching de performance». Certains demandaient une formation sur «le coaching et le conseil», et s'attendaient à me voir traiter d'un sujet et non de deux.

Le terme «coaching» est parfois utilisé pour décrire une action précise, telle que l'encouragement, le renforcement, le feedback, la démonstration, etc. Ou encore on s'en sert pour décrire le style des leaders qui sont orientés sur le développement de leurs collaborateurs et qui exercent leur leadership en donnant à leurs collaborateurs de plus grands défis, plus d'autonomie et de pouvoir.

Je définis le coaching comme une conversation. Pour qu'un leader soit surtout perçu comme un coach, il doit pouvoir maîtriser quatre types de conversations.

Les quatre compétences du coach

Le coaching comprend quatre compétences de leadership, soit la compétence de conseiller — aider un collaborateur à explorer et à résoudre un problème —, la compétence de guider — orienter un collaborateur dans les structures de l'entreprise —, la compétence de former — enseigner personnellement une technique à un collaborateur — et la compétence de confronter et à stimuler ses collaborateurs à améliorer leur performance. C'est cette dernière compétence qui donne au coaching sa qualité la plus distinctive dans le travail du leader.

Les compétences de conseiller, de guider, de former et de confronter comprennent la plupart des différentes activités que les leaders et les formateurs professionnels ont à l'esprit lorsqu'ils utilisent le terme «coaching».

Les quatre différentes compétences du coach suggèrent que le coaching peut produire plusieurs résultats différents. Par sa *compétence de conseiller*, on amène ses collaborateurs à :

- Décrire précisément les problèmes et leurs causes;
- Comprendre des facteurs techniques et organisationnels;

- Exprimer des sentiments profonds;
- Changer de point de vue;
- S'engager à agir de façon autonome;
- Mieux percevoir leurs sentiments et leur comportement.

Par sa *compétence de guider,* on amène ses collaborateurs à :

- Développer du doigté politique;
- Se sensibiliser à la culture de l'entreprise;
- Développer leur réseau personnel;
- Prendre en main la gestion de leur carrière;
- S'engager envers les objectifs et les valeurs de l'entreprise;
- Se sensibiliser aux intérêts et préférences de la haute direction.

Par sa *compétence de former,* on amène ses collaborateurs à :

- Améliorer leur compétence technique;
- Accroître leur compréhension technique;
- Développer leur expertise;
- Accélérer leur rythme d'apprentissage;
- S'engager à se perfectionner sans cesse.

Par sa *compétence de confronter,* on amène ses collaborateurs à :

- Clarifier leurs objectifs de performance;
- Déceler des performances insuffisantes;
- Accepter des tâches plus difficiles;
- Établir des stratégies pour améliorer leur performance;
- S'engager à s'améliorer sans cesse.

Ces quatre compétences du coach et leurs nombreux résultats peuvent donner l'impression que le coaching est une activité très complexe de gestion de la performance. En réalité, l'apprentissage du coaching est facilité parce qu'on emploie plusieurs des mêmes techniques dans l'utilisation de chaque compétence.

Les quatre compétences ont tellement de points communs qu'il est inutile et inopportun pour les leaders de développer séparément leurs compétences de conseiller, de guider, de former et de confronter. On devrait apprendre et employer le coaching en tant que pratique générale de supervision. Comme tel, il peut être adapté aux quatre compétences et à tout environnement de travail.

Caractéristiques propres à toutes les compétences en coaching

Toutes les formes de coaching ont deux caractéristiques communes :

1. Ce sont des conversations en face à face.
2. Elles sont centrées sur la performance — ou sur des sujets reliés à la performance.

Face à face

Le coaching est une conversation personnelle, face à face entre un leader et un collaborateur. Elle est fondée sur les besoins particuliers du collaborateur. Si la conversation n'est pas personnelle, ce n'est pas du coaching.

Le coach doit découvrir les besoins personnels de son collaborateur. À un moment donné, chaque collaborateur a besoin d'aide particulière. Le coaching est une réponse à ce besoin personnel. C'est un procédé continu où le leader découvre les besoins de son collaborateur, puis y répond par de l'information, de la consultation, de la compréhension et des ressources. S'il ne cerne pas ces besoins, le leader rate l'occasion. L'erreur courante de bien des leaders est de passer tellement de temps à dire à leurs collaborateurs ce qu'ils devraient faire, ce qu'ils devraient savoir et comment ils devraient changer, qu'ils gaspillent la valeur du caractère personnel du coaching.

Centrées sur la performance

Les conversations de coaching se centrent sur la performance. Toutefois, la performance ne s'applique pas exclusivement à la connaissance, aux compétences, aux tâches et aux objectifs. C'est toute la personne qui est engagée dans la performance. Le coaching traite de toute préoccupation qui concerne le collaborateur et qui a un effet sur sa performance. On tient pour acquis que le leader peut aider ses collaborateurs. Cette aide peut prendre différentes formes : intuition personnelle (conseiller), savoir-faire politique (guider), apprentissage (former) ou amélioration de la performance (confronter). Quel que soit le cas, le leader doit aider son collaborateur à atteindre un niveau supérieur d'engagement personnel, ce qui l'amènera à fournir une performance améliorée et soutenue.

Il est important de comprendre qu'aucun sujet ou problème n'est écarté des conversations entre un leader et son collaborateur *s'il nuit au travail du collaborateur.* Bien entendu, le leader ne peut aider ses collaborateurs à résoudre tous leurs problèmes. Il ne peut, par exemple, résoudre les problèmes d'abus de stimulants, de dépendance envers le tabac ou de conflit conjugal. Mais si ces problèmes ont un effet négatif sur la performance de la personne, le leader doit essayer de les connaître — tout au moins afin d'inciter son collaborateur à trouver une aide adéquate. Inversement, si les problèmes d'un collaborateur n'affectent pas sa performance, le leader n'a aucune raison de lui en parler.

Tout sujet qui a des répercussions présentes ou futures sur la performance du collaborateur se prête à une conversation de coaching. Un coaching à propos de la sensibilité personnelle aux autres (compétence de conseiller) est une façon d'aider ses collaborateurs à rester conscients du contexte social de leur performance. Un coaching sur des questions de carrière (compétence de guider) est une façon de garder les gens dans l'entreprise. Un coaching sur les compétences particulières de certains collaborateurs (compétence de former) leur permet de faire montre de leurs compétences techniques. Informer ses collaborateurs des insuffisances de leur performance (compétence de confronter) est nécessaire pour les éclairer sur ce qu'on attend d'eux.

Les dix critères d'un coaching réussi

Tout coaching est une conversation en face à face centrée sur la performance. Cependant, tout coaching n'est pas réussi. Mes recherches indiquent qu'un coaching réussi satisfait aux critères suivants :

1er critère : *Le coaching réussi entraîne toujours un changement positif dans la performance.*

La nature de ces changements dépend de la compétence particulière de coaching qui est employée.

- La compétence «conseiller» favorise la résolution des problèmes pouvant nuire à la performance.
- La compétence «guider» fournit au collaborateur une meilleure compréhension de la culture de l'entreprise, de ses objectifs et de ses valeurs, et des occasions de poursuivre sa carrière.
- La compétence «former» favorise l'apprentissage continu chez le collaborateur.
- La compétence «confronter» met en évidence des insuffisances précises et immédiates et stimule le collaborateur à maintenir un niveau de performance élevé et à réaliser son plein potentiel.

2e critère : *Le coaching réussi suscite ou renouvelle l'engagement du collaborateur à améliorer et maintenir une performance de qualité supérieure.*

Le coaching réussi installe les bases sur lesquelles se bâtit l'engagement : la clarté, la compétence, l'influence et l'appréciation.

3e critère : *Le coaching réussi établit ou maintient une relation de travail positive entre le leader et le collaborateur.*

Par cette relation positive, le leader atteint et maintient, avec son collaborateur, un niveau de confiance qui leur permet à tous deux de se concentrer sur le travail à faire sans perdre de temps à tenter de se contourner l'un l'autre.

4e critère : *Le coaching réussi est interactif.*

Les conversations de coaching se tiennent toutes face à face, mais elles ne s'avèrent pas toutes interactives et équilibrées. Dans les conversations de coaching réussies, le leader fait pleinement participer son collaborateur à la communication. Le coaching réussi n'est pas un processus magistral où le leader parle et le collaborateur écoute. C'est un processus d'exploration et de découverte réciproques.

Le leader et le collaborateur apportent tous deux une connaissance particulière et des intuitions à la conversation de coaching. Le collaborateur apporte ses besoins personnels, ses perceptions et ses attentes ainsi qu'une connaissance de ses tâches particulières et diverses compétences techniques utiles dans la résolution de problèmes. Le collaborateur sait comment accomplir ou améliorer son travail. Le leader apporte le savoir-faire organisationnel, des capacités de résolution de problèmes, la compréhension des aspects techniques, des besoins organisationnels et des attentes envers le collaborateur. Le processus du coaching est conçu pour tirer le meilleur parti de ce que *les deux* savent. La tâche du leader consiste à utiliser ces deux sources d'information.

5e critère : *Le coaching réussi manifeste du respect.*

Le collaborateur ressent du respect face au leader lorsque ce dernier l'encourage à donner ses opinions, à fournir des données, à discuter franchement et même à lui présenter des objections.

Les leaders sont souvent confus à propos du respect à accorder à leurs collaborateurs, en particulier à des collaborateurs à problèmes. Ils demandent : «Comment suis-je censé réagir à ce que je sais être une excuse?» Nombre de leaders restent persuadés que leurs collaborateurs doivent gagner le respect et mériter ce traitement. En fait, manifester le respect envers son collaborateur en tant que personne est un élément essentiel de toute conversation de coaching si l'on veut qu'elle améliore la performance et accroisse l'engagement.

Le leader ne doit jamais perdre de vue que son travail consiste à gérer la performance et à assurer un engagement à améliorer la performance. Un leader n'a aucun intérêt à provoquer de la résistance, à engendrer le ressentiment ou à bloquer la circulation de l'information.

Les collaborateurs se sentent respectés quand le leader les écoute, leur pose des questions appropriées, prend leur contribution au sérieux et les encourage à apporter leur information et leurs idées. Le leader communique le respect dans la mesure où il s'applique à rassembler de l'information. Lorsqu'il empêche de rassembler de l'information, il cesse de communiquer le respect.

6ᵉ critère : *Le coaching réussi se concentre sur les problèmes.*

Le travail du leader est de gérer la performance. Un problème de performance peut révéler un manque quelconque ou un défi encore plus difficile à relever. Un «problème» n'est pas nécessairement quelque chose de négatif. C'est seulement la différence entre ce qui est et ce qu'on souhaite.

Dans un coaching réussi, le leader reste centré sur ce qui peut être décrit objectivement : des plans, des actions, des événements, des données, etc. Son objectif est d'améliorer la performance, et non de réformer les gens. Les attitudes, les sentiments et les traits de personnalité ne font pas partie de la performance. La plupart du temps, ce ne sont que des hypothèses sur les intentions d'une personne. Indiquer à un collaborateur qu'il «ne fait pas équipe», c'est improductif, parce que cela décrit un trait de personnalité général sans présenter d'action ou de changement. Ce message doit être traduit en comportements spécifiques avant qu'on puisse en discuter favorablement. De même, dire à un collaborateur «Tu iras loin parce que tu as toujours une bonne attitude» communique seulement que ce collaborateur est vu d'un œil positif par le leader. Ce commentaire est trop général pour que le collaborateur puisse l'appliquer avec confiance. Le leader doit s'efforcer d'utiliser des termes décrivant des comportements précis et directement reliés aux objectifs de la conversation.

7e critère : *Le coaching réussi est orienté vers le changement.*

Nous apprenons du passé, mais nous ne pouvons pas le changer. Tout leader qui réussit concentre son coaching sur ce qu'il peut changer ou améliorer. Un leader doit toujours approcher une séance de coaching avec l'intention de consolider ou d'améliorer la performance et de consolider l'engagement grâce à cette conversation. On utilise le passé seulement pour aider ses collaborateurs à comprendre comment améliorer l'avenir.

Dans un entretien de coaching on évite toute communication qui amène le collaborateur à se mettre sur la défensive, à se sentir coupable ou à perdre confiance. Le but du coaching n'est pas d'amener son collaborateur à échouer ou à désespérer de ses lacunes mais de trouver des façons précises de l'aider à améliorer sa performance. Par exemple, demander «Pourquoi es-tu en retard?» invite le collaborateur à se mettre sur la défensive et à trouver des excuses. «Dis-moi ce que tu vas faire pour commencer à arriver à temps» invite au changement. De même, «Tu m'as vraiment déçu en ne terminant pas ce rapport à temps» encourage le collaborateur à se sentir coupable et à s'excuser. «Je veux savoir quand je peux attendre ce rapport» exige du collaborateur qu'il prenne sa responsabilité et prépare un changement. «Tu fais encore les erreurs dont on a parlé la dernière fois» concentre le collaborateur sur l'échec. «Voyons ce que tu as fait depuis notre dernière conversation, puis indique-moi dans quel domaine, à ton avis, tu as encore besoin d'aide» aiguille le collaborateur vers la réussite.

8e critère : *Le coaching réussi est structuré.*

Les procédés de coaching passent par une série d'étapes interdépendantes. Les conversations non structurées ne suivent pas d'étapes spécifiques. Une erreur courante chez les leaders est de commencer à résoudre un problème avant d'avoir rassemblé suffisamment d'information pour comprendre la situation. Une autre erreur consiste à donner, à propos d'une action ou d'une opération, de l'information inutile, c'est-à-dire qui ne correspond pas aux besoins du collaborateur.

9e critère : *Le coaching réussi suit un procédé identifiable.*

Le leader qui réussit spécifie, examine, révise et évalue les résultats à l'aide d'une série d'interventions de résolution de problèmes formelles et informelles. C'est par ces interventions que le leader contrôle directement et influence le plus la performance de son collaborateur.

Le leader ne peut pas contrôler les sujets et le contenu d'une conversation de coaching, puisque ces conversations se déroulent avec d'autres gens qui ont aussi un certain besoin de contrôle. Cependant, le leader peut contrôler et entretenir un procédé qui satisfait son collaborateur et auquel celui-ci participe de bon gré. C'est ainsi que le leader peut exercer un contrôle significatif dans le coaching.

Le terme «procédé» décrit une conversation qui :
- a au moins un objectif (comme ceux qui ont été définis pour les quatre compétences en coaching);
- franchit certaines étapes prévisibles qui ont leurs propres buts.

10e critère : *Le coaching réussi requiert l'usage de techniques précises de communication.*

Le leader ne peut atteindre des objectifs interactifs précis et franchir les étapes d'un procédé structuré sans maîtriser des techniques précises et concrètes.

Un coaching réussi repose sur :
- l'usage de techniques particulières de communication,
- un résultat qui est satisfaisant pour toutes les personnes concernées.

Les résultats désirés se produisent plus régulièrement dans le coaching quand le leader se concentre sur l'évolution plus que sur le contenu de la conversation de coaching. Être un coach efficace dépend de la capacité *de créer et de gérer le procédé de coaching.* C'est un élément fondamental de cette approche.

Les deux procédés du coaching

Le coaching prend deux formes génériques : le premier procédé, la résolution de problèmes, et le deuxième procédé, l'amélioration de la performance. Ces deux appellations sont quelque peu arbitraires, mais elles fournissent une façon pratique de distinguer et de se rappeler les deux procédés.

Premier procédé : la résolution de problèmes

Les compétences de conseiller, de guider et de former donnent des conversations de coaching qui devraient suivre le procédé de résolution de problèmes. Ce procédé commence par la définition du besoin du collaborateur. Il peut être entrepris par un collaborateur qui demande de l'aide au leader ou par le leader qui offre de l'aide au collaborateur.

Le besoin du collaborateur peut porter directement ou indirectement sur la performance. Il faut peut-être alors répondre immédiatement à ce besoin, par exemple en fournissant une ressource pour un nouveau projet, un éclaircissement sur des priorités conflictuelles, ou une aide dans une crise personnelle. Ce besoin peut aussi concerner ses objectifs de carrière, ses expériences professionnelles ou ses projets de formation à long terme.

Deuxième procédé : L'amélioration de la performance

La compétence de confronter est différente de celles à conseiller, à guider et à former. C'est toujours le leader qui entreprend une conversation de coaching destinée à améliorer la performance d'un collaborateur. Son but peut être de corriger une lacune ou de présenter à son collaborateur une nouvelle tâche ou un nouveau défi au travail, pour lequel le leader croit que le collaborateur est prêt.

Résultats et définition d'un coaching réussi

Toutes les conversations de coaching réussies sont destinées à améliorer la performance et à assurer un engagement à une performance de qualité supérieure et soutenue. On ne peut atteindre ces résultats qu'en rassemblant de l'information ensemble. De plus, un coaching réussi maintient ou améliore une relation positive entre le leader et son collaborateur. Même si elle porte directement sur une faible performance, l'information est la base de toutes les relations positives. La confiance, la franchise et la coopération dépendent toutes de l'information que le leader et le collaborateur partagent.

Les deux procédés de coaching, qui portent sur la résolution de problèmes et l'amélioration de la performance, fournissent des cadres de travail simples pour comprendre le coaching sous ses quatre compétences (conseiller, guider, former et à confronter). D'un point de vue pratique, pour apprendre le coaching, il vaut mieux le considérer comme essentiellement composé de deux procédés, la résolution de problème et l'amélioration de la performance et d'apprendre à gérer ces deux procédés. Ces derniers sont décrits en détail plus loin dans ce livre.

Pour que leurs procédés de coaching soient une réussite, nous savons que les leaders emploient des techniques précises; celles-ci seront décrites en détail dans les chapitres traitant des procédés de coaching. Un grand nombre de ces techniques de communication servent à rassembler de l'information.

Voici donc une *définition du coaching réussi* :
Le coaching réussi consiste en une conversation inter-active entre un collaborateur et un leader qui emploie un procédé structuré et amène une performance de qualité supérieure, un engagement à une amélioration continue et des relations positives.

Pourquoi le coaching «échoue» parfois

Avant de continuer, clarifions certaines idées fausses à propos du coaching.

Le manque de méthode fondée sur un procédé

En animant des formations au coaching, j'entends ré-gulièrement un grand nombre de questions hypothétiques, telles que :

- «Qu'arrive-t-il si le collaborateur fait une disgression et ne veut pas discuter du sujet dont je veux parler?»

- «Qu'arrive-t-il si le collaborateur est parfaitement satisfait de son travail et ne veut pas progresser?»
- «Qu'arrive-t-il si le collaborateur ne reconnaît même pas qu'il y a un problème?»
- «Qu'arrive-t-il si le collaborateur ne veut pas me dire pourquoi il n'est pas concentré sur sa tâche?»

Au premier abord, ces questions semblent toutes différentes. Cependant, quand on les examine en profondeur avec des leaders, on trouve la même idée sous-jacente. Les leaders n'ont souvent aucun moyen d'analyser systématiquement ce qui fonctionne et ce qui ne fonctionne pas en coaching, parce qu'ils n'ont aucun critère ou modèle pouvant servir de point de comparaison. Avant d'apprendre qu'un coaching réussi suit un procédé séquentiel, les leaders croient qu'une conversation de coaching consiste en un échange aléatoire entre eux et leurs collaborateurs. Les leaders constatent que parfois leurs conversations fonctionnent et parfois pas. Mais ils ne savent habituellement pas pourquoi!

Si l'on ne suit pas un procédé précis en coaching, on peut parfois réussir, mais le plus souvent, on échouera. Jusqu'à ce que les leaders acquièrent une structure et emploient un procédé et des techniques de coaching, ils auront toujours un nombre infini de questions du genre «Qu'arrive-t-il si...?» Les conversations de coaching aléatoires produisent des résultats aléatoires.

Le manque de responsabilité

Dans nos formations en coaching, nous ne rencontrons à peu près jamais de leaders qui présentent des exemples ou des anecdotes décrivant *leurs* propres erreurs. Même lorsqu'ils parlent des difficultés auxquelles ils ont fait face en coaching, ils semblent croire que c'est la «faute» de leur collaborateur. En les écoutant, on s'imagine un collaborateur engagé dans une conversation de coaching sans la présence d'aucun leader.

Le coaching est une interaction. Les paroles et les gestes du leader suscitent des réactions chez le collaborateur. Les paroles et les gestes du collaborateur offrent au leader différentes façons de réagir. Qu'ils l'admettent ou non, les leaders exercent une influence sur les résultats de chaque séance de coaching — pour le meilleur ou pour le pire. Lorsque le coaching échoue, ce n'est pas à cause de collaborateurs peu doués et peu motivés. Ce peut être à cause de leaders insuffisamment formés.

Résumé du chapitre 2

1. Le coaching requiert quatre compétences :
   - conseiller
   - guider
   - former
   - confronter

2. Pour qu'un coaching soit réussi, il doit satisfaire aux critères suivants :
   - Entraîner un changement positif dans la performance;
   - Susciter ou renouveler l'engagement à améliorer et à maintenir une performance de qualité supérieure;
   - Établir ou maintenir une relation de travail positive;
   - Être interactif;
   - Manifester du respect;
   - Se concentrer sur les problèmes;
   - Être orienté vers le changement;
   - Être structuré;
   - Suivre un procédé identifiable;
   - Requérir l'usage de techniques précises de communication.

3. Le coaching comporte deux procédés principaux :
   - La résolution de problèmes
   - L'amélioration de la performance

Chapitre 3

Le premier procédé de coaching : la résolution de problèmes

Le premier procédé de coaching, la résolution de problèmes, s'appuie sur les compétences de conseiller, de guider et de former. Ces conversations peuvent être entreprises par le leader ou par le collaborateur. Elles peuvent viser à enseigner une compétence technique, à résoudre un problème organisationnel, identifier des occasions de développement de la carrière, à résoudre des problèmes personnels, etc. Toutes ces tâches sont des applications particulières du procédé général de résolution de problèmes. (Cela ne comprend pas les conversations de confrontation, dont il sera question au chapitre 4, Le deuxième procédé de coaching : l'amélioration de la performance.)

Caractéristiques générales du procédé

Pour que le coaching réussisse, le leader doit encadrer le procédé. Voici les caractéristiques du procédé.

La satisfaction : la clé du succès en coaching

D'une façon générale, on peut décrire le procédé comme une conversation qui suit une dynamique et produit tant une satisfaction rationnelle qu'une satisfaction affective. Cette notion de satisfaction donne au leader une façon nouvelle et utile de concevoir ses conversations de coaching. C'est parce que le procédé est satisfaisant qu'il fonctionne. En outre, le coaching sera réussi s'il est structuré. Le leader doit employer une structure suffisante pour créer des conversations satisfaisantes.

La plupart des leaders que j'ai observés en conversation de coaching ont plus tendance à se concentrer directement sur les résultats qu'ils veulent atteindre que sur la qualité de la conversation par laquelle ces résultats peuvent être atteints. Ils se concentrent sur la question que présente le collaborateur (conseiller), ou sur la communication au collaborateur d'un code de comportement «non écrit» (guider), ou sur l'amélioration de la compétence du colla-borateur (former), ou sur une procédure à améliorer (confronter). Cependant, pour atteindre ces résultats, la conversation même doit satisfaire les besoins des deux personnes — en particulier ceux du collaborateur.

Pour atteindre les résultats désirés, on a besoin de la coopération volontaire du collaborateur. La tâche du leader est de susciter cette volonté (ou du moins de ne pas la diminuer) dans la conversation de coaching. La coopération devient la condition essentielle pour atteindre les résultats du coaching. Elle suscite chez le collaborateur le désir de trouver les meilleures solutions possible avec le leader.

Satisfaction rationnelle

Les conversations de coaching apportent une satisfaction rationnelle pour le collaborateur lorsque celui-ci :

- perçoit chez le leader un effort sérieux d'être objectif et descriptif;
- constate une progression structurée du début à la fin de la conversation,
- a l'impression que la conversation se concentre sur un sujet ou un ensemble de sujets étroitement reliés.

Objectif et descriptif. Personne n'apprécie les conversations ou les relations où l'on a l'impression d'être soumis aux caprices et aux idées préconçues d'un autre. Les conversations de coaching ne seront pas des expériences positives pour le collaborateur si elles sont surtout fondées sur les perceptions et les opinions subjectives ou les déductions du leader à propos des attitudes et des motifs de son collaborateur.

L'objectivité complète reste un but. On ne peut pleinement l'atteindre dans aucune interaction humaine, y compris le coaching. Cependant, il est important que le leader fasse de son mieux pour que son collaborateur n'ait pas le sentiment d'être traité de manière arbitraire ou hautaine.

Être objectif et être descriptif sont des techniques de coaching connexes. Le leader est objectif lorsqu'il raisonne en se fondant sur une information vérifiable. Le leader est descriptif lorsqu'il fournit autant d'information vérifiable que possible.

Il faudrait considérer l'«objectivité» comme un procédé destiné à créer un point de référence au cours d'une séance de coaching qui se veut utile à la fois au leader et au collaborateur, et que les deux peuvent utiliser pour prendre des décisions. L'objectivité du coach est à son plus haut point lorsqu'il parvient avec son collaborateur à prendre des décisions fondées sur des points de référence vérifiables et objectifs, tels que :

- des normes de performance clairement définies et accessibles;
- des analyses de tendances de la productivité et de la qualité;
- des critères vérifiables de sélection et de promotion;
- des compétences et des connaissances précises exigées;
- des exigences techniques;
- des comportements observés;
- des règles et des procédures organisationnelles;
- une analyse attentive d'un problème.

Voici des exemples de formulations plus objectives et moins objectives qu'un leader pourrait employer durant les quatre types de conversations de coaching.

1. Compétence de conseiller

   Moins objectif : «Donc, la source du problème est que ton client a des exigences irréalistes et arbitraires envers toi.»

   Plus objectif : «Donc, la source du problème est que ton client demande des services qui dépassent ce que notre contrat autorise.»

2. Compétence de guider

   Moins objectif : «Pour avancer dans cette entreprise, le secret c'est de savoir travailler en équipe.»

   Plus objectif : «Il y a deux secrets à connaître pour avancer dans cette entreprise. D'abord, répondre immédiatement à toutes les demandes d'aide de la part de ton patron ou de tes collègues. Ensuite, éviter que les autres se sentent ridicules ou incompétents devant leurs collègues ou leur patron.»

3. Compétence de former

   Moins objectif : «On dirait que nous sommes revenus à la case départ. Ton dernier rapport montre que le cours de rédaction technique ne t'a pas aidé à régler ton problème.»

   Plus objectif : «Reprenons ce dernier rapport, section par section, et comparons chacune avec les consignes que tu as apprises dans le cours de rédaction technique.»

4. Compétence de confronter
    Moins objectif : «Alors, tu n'as pas prêté attention quand je t'ai dit à quel moment je voulais que le rapport soit soumis.»
    Plus objectif : «D'une certaine façon, nous n'avons pas su nous entendre sur la date à laquelle le rapport devait être soumis.»

«Être descriptif» fait référence à la quantité d'information vérifiable que le leader apporte dans une conversation de coaching. Être descriptif augmente l'objectivité du coaching.

Dans la compétence de conseiller, le leader descriptif définit aussi précisément que possible toutes les causes possibles des problèmes. Dans la compétence de guider, le leader descriptif fournit de nombreux exemples pour décrire les valeurs particulières et les préférences de la haute direction. Dans la compétence de former, le leader descriptif fait une démonstration de techniques ou de solutions à des problèmes. Dans la compétence de confronter, le leader descriptif fait référence en détail à des comportements qu'on peut observer concernant la performance de son collaborateur, sans en déduire des intentions ou des attitudes de ce dernier.

On peut revoir les exemples déjà utilisés pour décrire l'objectivité, pour montrer comment, en étant descriptif on augmente l'objectivité.

1. Compétence de conseiller

   Moins descriptif : «Donc, la source du problème est que ton client demande des services qui dépassent ce que notre contrat autorise.»

   Plus descriptif : «Ton client semble excéder les autorisations du contrat de deux façons. D'abord, il exige des rapports intérimaires supplémentaires. Ensuite, il exige plus de rencontres que ne le permet le budget de voyage.»

2. Compétence de guider

   Moins descriptif : «Il y a deux secrets à connaître pour avancer dans cette entreprise. D'abord, répondre immédiatement à toutes les demandes d'aide de la part de ton patron ou de tes collègues. Ensuite, éviter que les autres se sentent ridicules ou incompétents devant leurs collègues ou leur patron.»

   Plus descriptif : «Pour avancer ici, il est impératif, durant tes premières années dans l'entreprise, de te faire reconnaître en tant que personne coopérative et disponible. Il y a plusieurs façons de le faire. D'abord, ne présente jamais à ton patron des problèmes pour lesquels tu n'as pas au moins deux solutions à proposer. Deuxièmement, ne donne jamais de travail supplémentaire à ton patron en manquant des dates de tombée. Troisièmement, trouve toujours une façon d'aider tes collègues quand ils demandent de l'aide. Ne refuse jamais d'aider quelqu'un. Fais toujours quelque chose pour aider — même si tu ne peux pas tout faire ce qu'on te demande.»

3. Compétence de former
    Moins descriptif : «Reprenons ce dernier rapport, section par section, et comparons chacune avec les consignes que tu as apprises dans le cours de rédaction technique.»
    Plus descriptif : «Reprenons les consignes que tu as apprises dans le cours de rédaction de rapports techniques. J'aimerais que tu compares chacune des sections de ton rapport avec ces normes techniques pour voir où tu dois apporter des améliorations. Je vais ensuite revoir chaque section, et nous dresserons une liste précise de changements à effectuer.»

4. Compétence de confronter
    Moins descriptif : «D'une certaine façon, nous n'avons pas su nous entendre sur la date à laquelle le rapport devait être soumis.»
    Plus descriptif : «Nous n'avons eu qu'une rencontre pour discuter du rapport et de la date de remise. J'avais en tête une date et toi une autre. À l'avenir, nous devrons prendre une minute à la fin pour nous assurer que nous nous comprenons bien sur les points essentiels.»

Progression structurée. Pour être satisfaisante, une conversation de coaching doit s'appuyer sur une structure logique. Une conversation visant à former se déroule mieux si l'on commence par déterminer un élément à apprendre pour ensuite détailler chaque étape d'apprentissage. Dans un entretien visant à conseiller, on résout mieux le problème si l'on rassemble d'abord toute l'information pertinente sur le problème général, si ensuite on le décortique pour en arriver à un problème précis et si finalement on énumère en détail les causes du problème.

Concentré. Dans toute conversation de coaching, la quantité de sujets à traiter est déterminée par la quantité d'éléments dont on doit se souvenir. Le contenu d'une conversation de coaching doit être initialement délimité par le leader qui décide de l'objectif général de la conversation soit conseiller, guider, former ou confronter.

Pour chacune de ces compétences, la conversation de coaching doit être concentrée sur un sujet précis : la chose la plus importante à apprendre (former), le problème le plus important du collaborateur (conseiller), et ainsi de suite.

Satisfaction affective

Une conversation de coaching apporte une satisfaction affective à un collaborateur lorsque celui-ci :
- perçoit qu'il peut exercer une influence sur les résultats de la conversation de façon significative;
- a l'impression que ses sentiments sont reconnus et compris;
- retire de la conversation un sentiment de complétude.

Influence. L'influence, comme stratégie destinée à développer l'engagement du collaborateur, a été exposée au chapitre 1. Dans chaque conversation de coaching, le leader crée l'expérience de l'influence dans la mesure où la conversation est véritablement interactive.

Pour connaître l'expérience de l'influence, on répond à des questions telles que :

- Le collaborateur a-t-il participé pleinement à déterminer la nature du problème? (Compétence «conseiller»)
- Le collaborateur était-il engagé dans la recherche de ses options de carrière? (Compétence «guider»)
- Le collaborateur a-t-il aidé à déterminer ses objectifs d'apprentissage et le rythme de sa formation? (Compétence «former»)
- Le point de vue du collaborateur sur le problème de performance a-t-il reçu pleine considération? (Compétence «confronter»)

Une conversation de coaching doit satisfaire certains besoins rationnels et affectifs du collaborateur; c'est la première caractéristique du processus. Le leader qui veut devenir un bon coach doit apprendre à créer un procédé satisfaisant avec son collaborateur afin de maximiser sa volonté de coopération.

Un processus interactif

Le coaching est un processus interactif; c'est sa deuxième caractéristique. Cette interaction est implicite dans les termes «interactif» et «face à face». Voici les comportements importants dans cette interaction.

Le coaching, comme toute conversation interpersonnelle, s'appuie sur les paroles et les gestes de deux personnes qui agissent et réagissent l'une par rapport à l'autre. Mais le coaching, comme toutes les conversations utiles, est réussi dans la mesure où quelqu'un gère l'interaction consciemment ou intuitivement.

Dans cette interaction structurée entre un leader et un collaborateur, le leader initie un comportement utile et réagit au comportement de son collaborateur avec un comportement utile. Le coaching est fondé sur un comportement. Ce que le leader *fait* — et non ce qu'il *a l'intention* de faire — voilà la réalité vécue du collaborateur. Le coaching réussi exige que le leader fonctionne de façon suffisamment structurée pour faciliter la réussite du processus. Pour ce faire, le leader doit apprendre à employer des techniques de communication qui ont de grandes chances d'être efficaces et éviter les interventions qui risquent de ne pas faire avancer les objectifs du processus.

Le processus a deux caractéristiques générales : 1° il satisfait les besoins rationnels et affectifs du collaborateur; et 2° c'est une interaction structurée que le leader crée par ses comportements d'introduction et ses comportements de réponse.

Étapes interdépendantes

Un processus progresse par étapes identifiables; c'est la troisième caractéristique du coaching. Chaque étape a ses propres objectifs. Il faut généralement atteindre les objectifs d'une étape avant que la conversation ne passe à l'étape suivante.

Le premier procédé de coaching, la résolution de problèmes, comprend trois étapes (voir figure 3) :

- Impliquer
- Rassembler de l'information
- Résoudre

Les étapes s'interpénètrent. Lorsqu'on emploie le procédé, il arrive parfois qu'on accomplisse certains objectifs de la première étape en passant à la deuxième étape. On peut également aller et venir d'une étape à l'autre et repasser tout le processus. Souvent, par exemple, on découvre que le véritable problème fait surface juste au moment où l'on croit qu'une séance de consultation prend fin. Ou encore on découvre plus tard qu'un collaborateur a manqué un point que l'on croyait avoir traité dans une séance de formation.

Techniques

À chaque étape du processus, on emploie des techniques particulières. Ces techniques sont fort utiles pour atteindre les objectifs de cette étape. À mesure que le leader emploie ces techniques, il établit un procédé et le poursuit à travers chacune de ces étapes interdépendantes. On doit considérer ces techniques comme cumulatives. Un leader commence une séance de coaching en employant les techniques utiles pour atteindre les objectifs de la première étape. Ces techniques serviront également dans les étapes suivantes du procédé.

En résumé, un procédé est une conversation qui :

- fournit une expérience satisfaisante au collaborateur en répondant à certains de ses besoins rationnels et affectifs;
- est une interaction que le leader influence pour le meilleur ou pour le pire;
- franchit une série d'étapes interdépendantes; et
- exige un ensemble de techniques précises en communication.

La figure 3, intitulée *Le premier procédé de coaching : la résolution de problèmes*, est une description graphique du procédé qui sous-tend les compétences «conseiller», «guider» et «former». Elle illustre un type de procédé qui est issu non pas de la théorie mais de l'observation. Elle fournit au leader un guide sur lequel il peut s'appuyer pour atteindre des résultats pratiques et qu'il peut adapter à chaque situation où il utilise ces compétences de coaching.

Le coaching est un procédé différent de ce que les leaders apprennent traditionnellement. On encourage les leaders à se concentrer sur la *structure et la dynamique* de la conversation autant que sur le contenu.

Figure 3

Le premier procédé : La résolution de problèmes

1ᵉ étape : IMPLIQUER

Objectifs   **Techniques**
Clarifier les attentes   *Clarifier :* Établir les objectifs de l'entretien de coaching.

Mettre à l'aise   *Accueillir :* Par son comportement non verbal, communiquer son ouverture et sa disponibilité; écouter sans évaluer.

Établir la confiance   *Accuser réception :* Donner des indications verbales et non verbales montrant qu'on est engagé dans la conversation.

Manifester du respect : Valoriser les apports de son collaborateur. Ne pas utiliser de comportements qui ridiculisent, généralisent ou jugent.

Explorer : Poser des questions et orienter.

Refléter : Énoncer dans ses propres termes ce que l'autre personne a dit ou ressent.

2ᵉ étape : RASSEMBLER DE L'INFORMATION

CONSEILLER :
Objectifs   **Techniques**
Informer   *Se révéler :* Indiquer qu'on a déjà vécu une expérience similaire.

Comprendre	*Situer :* Attirer l'attention sur ce qui se passe actuellement dans la conversation.
	Résumer : Faire une pause dans la conversation pour résumer les points principaux.

GUIDER ET FORMER :

Objectifs	**Techniques**
Apprendre	*Préciser :* Être précis et objectif en communiquant l'information et les attentes.
	Ressourcer : Donner une information, un conseil, une consigne; référer.
	Confirmer : Fermer la boucle; s'assurer que l'information a été reçue et que l'apprentissage a eu lieu.

3e étape : RÉSOUDRE

Objectifs	**Techniques**
Faire le point	*Réviser :* Repasser les points principaux de l'entretien pour s'assurer que chacun a compris.
Assurer un suivi	*Planifier :* Établir des stratégies et s'entendre sur les étapes à suivre.
Entretenir une relation positive Prendre des engagements	*Apprécier :* Commenter les forces et les perspectives positives du collaborateur.

Première étape : impliquer

Objectifs de la première étape

À cette étape initiale d'une conversation de coaching du premier procédé, le leader doit avoir à l'esprit les objectifs suivants :

- clarifier la raison d'être de la conversation : ce dont on veut parler, les résultats qu'on en attend, etc.;
- impliquer son collaborateur à une interaction spontanée et détendue;
- clarifier toute règle ou contrainte importante, telle que le temps, la confidentialité, les rôles et les responsabilités, etc.;
- développer l'aisance et la confiance.

Obstacles

Le coaching est une «interaction réciproque». Le leader doit engager rapidement son collaborateur dans un procédé que ce dernier trouvera équilibré et sur lequel il aura le sentiment de pouvoir exercer une influence. Il est utile que le leader soit conscient de certains blocages ou obstacles au développement de cette perception.

L'un des obstacles est un environnement qui suggère la formalité ou un grand déséquilibre de pouvoir.

Je me rappelle avoir un jour essayé de discuter d'un projet avec mon patron. J'avais beaucoup de difficulté à obtenir un engagement de la part des principaux superviseurs qui étaient censés me fournir un soutien technique.

Je me suis assis dans le bureau de mon patron. Un drapeau était planté de chaque côté de son bureau. Derrière lui se trouvaient tous ses diplômes, ses certificats et ses prix. Même lorsque je me mis à essayer de lui expliquer mon problème, je me suis senti pris au dépourvu. Comment cette personne pouvait-elle me comprendre et m'aider face à un problème, moi qui étais d'un statut tellement inférieur. En passant, mon patron ne m'a pas déçu. Il ne m'a ni compris ni aidé. Il adoptait un rôle hiérarchique en arrivant au travail et ne s'en départait jamais.

Si un leader demande à son collaborateur de s'asseoir devant lui, de l'autre côté de son bureau, cela peut inhiber un échange d'information spontané et réciproque. Si les deux personnes s'assoient face à face sur des chaises semblables, on minimise ce problème potentiel. On peut également utiliser un autre endroit que le bureau du leader, par exemple une salle de réunion où l'on se retrouve autour d'une table. Dans un tel cas, il vaut mieux que le leader ne s'assoie *pas* à l'extrémité de la table mais face à son collaborateur.

Un autre obstacle à l'atteinte des objectifs de la première étape (clarifier les attentes, mettre à l'aise et établir la confiance et la réciprocité) survient lorsque le leader intimide le collaborateur par des phrases comme «Je vais revoir cette procédure une seule fois. Après, je m'attends à ce que tu la maîtrises tout seul et je ne veux plus trouver d'erreur.»

Évidemment, le collaborateur se sent alors si menacé qu'il consacre la plus grande partie de son énergie à gérer ses émotions plutôt qu'à apprendre la procédure.

Parfois, les leaders nous demandent (surtout lorsqu'ils sont en train de conseiller) : «Puis-je prendre des notes?» Bien entendu, la seule personne qui puisse répondre à cette question, c'est le collaborateur. Si le leader commence à prendre des notes sans le demander à son collaborateur, ce dernier peut considérer ce geste avec suspicion ou ressentiment. Il serait sage que le leader explique au début de la séance *pourquoi* il croit utile de prendre des notes, par exemple pour noter de l'information qu'il partagera plus tard avec son collaborateur, pour noter un plan d'action, ou pour revoir les notes avec son collaborateur à la fin de l'entretien, afin d'éviter tout malentendu.

Il y a d'autres obstacles à l'atteinte des objectifs de la première étape. Nombre d'entre eux tombent dans la catégorie du manque de respect. Faire attendre un collaborateur, se laisser interrompre, notamment par des appels téléphoniques, imposer des limites trop strictes à la conversation, par exemple «Au cours de cette conversation, nous allons discuter de tel sujet et d'aucun autre», sont des comportements qui mettent le collaborateur dans une position d'infériorité et font sérieusement obstacle à la cueillette productive d'information. On évite ces obstacles et la plupart des autres en s'engageant sérieusement à maîtriser les techniques et atteindre les objectifs de la première étape.

Les techniques de la première étape

Les techniques fondamentales pour réussir la première étape sont :

- clarifier
- accueillir
- accuser réception
- manifester du respect
- explorer
- refléter

Ces techniques sont également essentielles pour réussir la deuxième étape et peuvent être utiles tout au long du processus.

Clarifier

Le leader a la responsabilité d'établir, dès que possible, l'objectif de l'entretien avec son collaborateur. Si ce dernier a pris l'initiative de l'entretien, cette clarification peut débuter par une question. Si c'est le leader qui a engagé la conversation, la clarification commence avec l'énoncé du leader. Par exemple :

- «J'imagine que tu as des problèmes avec les nouvelles procédures d'assurance de la qualité. Veux-tu me parler de tes difficultés?» (Compétence «conseiller»)
- «J'aimerais t'aider à trouver les postes que tu pourrais viser à l'avenir.» (Compétence «guider»)
- «Il y a trois étapes essentielles dans la nouvelle procédure. J'aimerais que tu les comprennes bien et que

tu réussisses à les appliquer avant la fin de notre rencontre d'aujourd'hui.» (Compétence «former»)

* «J'ai le sentiment que tu n'es pas encore à l'aise pour diriger les gens qui étaient auparavant tes collègues. Si c'est vrai, j'aimerais pouvoir t'aider d'une façon ou d'une autre.» (Compétence «conseiller»)

Accueillir

L'accueil a deux aspects :
* Il indique au collaborateur que le leader écoute;
* Il incite le leader à écouter.

Accueillir comprend tous les comportements qui indiquent au collaborateur que le leader écoute. L'accueil comprend des comportements non verbaux à éviter (comme se laisser interrompre ou distraire par d'autres gens, s'écarter de la conversation en faisant des appels téléphoniques, en signant des lettres, etc.), et des comportements à adopter (comme faire face à son collaborateur, démontrer par son langage corporel de l'ouverture et de l'intérêt, et être présent.)

L'un de mes anciens superviseurs était obsédé par le temps. Chaque fois qu'il me faisait entrer dans son bureau, il me faisait asseoir sous une horloge. D'un bout à l'autre de la conversation, sa tête se balançait de haut en bas entre mon visage et l'horloge qui était au-dessus de moi. C'était évidemment très distrayant. J'avais l'impression de m'imposer et de lui prendre beaucoup trop de temps. À cause de cela, je coupais court à l'information que j'aurais pu lui fournir.

Les aspects non verbaux de l'accueil n'assurent pas que le leader écoute vraiment. Faire face à son collaborateur, le regarder dans les yeux, et ainsi de suite, ne signifient pas nécessairement qu'on entend et qu'on comprend ce que ce collaborateur est en train de communiquer. Cependant, les aspects non verbaux de l'accueil indiquent que le leader est *vraiment* en train d'écouter; de tels comportements encouragent le collaborateur à communiquer et facilitent l'atteinte d'objectifs de la première étape : mettre à l'aise et établir la confiance.

La première façon d'accueillir est d'exprimer à son collaborateur qu'on l'écoute par son comportement non verbal. La deuxième façon d'accueillir consiste à écouter vraiment. Cet accueil dépend beaucoup de la capacité du leader d'écouter sans évaluer, sans prendre parti, sans décider que l'affirmation de son interlocuteur est vraie ou fausse, bonne ou mauvaise. Cette capacité de se concentrer sur ce que dit l'autre personne et de découvrir le sens de sa communication est essentielle en coaching.

On écoute avec une attitude évaluative quand :
- on répond trop rapidement à une question, plutôt que d'écouter entièrement la question et d'essayer de la comprendre;
- on entre de force un problème dans son propre cadre de référence et dans son état d'esprit, plutôt que de rassembler suffisamment d'information pour déterminer la nature exacte du problème;

- on décide rapidement que ce que l'autre a dit est bon ou mauvais, plutôt que de se contenter de découvrir son point de vue.

Nous avons probablement tous eu les expériences suivantes dans des conversations où le leader croyait aider :

- Le leader répond à une question que lui pose son collaborateur en répondant à certaines autres questions que le collaborateur ne pose pas. Le collaborateur finit par obtenir l'information dont il n'a pas besoin, et par ne pas obtenir l'information dont il a besoin!

- Le leader traite un problème de performance comme si le collaborateur ne savait pas comment faire son travail et il passe du temps à former son collaborateur à une procédure que celui-ci comprend déjà. Le leader n'a jamais découvert que le problème du collaborateur était un manque de ressources ou quelque autre facteur relié à l'environnement!

- Le leader demande l'opinion de son collaborateur, mais lorsque ce dernier la lui donne, il passe les 10 minutes suivantes à lui dire pourquoi il a tort!

Lorsqu'un leader écoute avec une attitude évaluative, il répond avec une attitude évaluative. Le leader court alors le danger de créer rapidement des blocages au développement d'une interaction spontanée, détendue et réciproque.

Il est par conséquent important que les leaders apprennent à écouter sans évaluer. Cet apprentissage peut se faire en deux étapes. Apprendre à répondre sans évaluer encourage à écouter avec une attitude non évaluative, et ap-

prendre à écouter avec une attitude non évaluative augmente la probabilité de répondre sans évaluer.

Accuser réception

Accuser réception comprend une gamme de réponses
verbales qui communiquent au collaborateur que le leader
est engagé dans la conversation. Si l'on apprend à répondre
sans évaluer et à accuser réception de ce que son interlocuteur a dit, on se rappelle d'écouter avec une attitude non
évaluative. Voici des exemples d'accusés de réception :

- De brèves expressions verbales, telles que «Ah-ha»,
  «Mmhmm», «Je vois», «OK», «Oui», «Bien» et «Je
  comprends».
- Des propos rassurants comme «Oui, je peux comprendre cela», «Je vois la situation» ou «Je comprends
  ce que tu ressens».
- Des commentaires comme «Alors, c'est arrivé comme
  cela.»

Accuser réception incite le collaborateur à continuer.
Cette technique permet de rassembler de l'information. Elle
rappelle également à celui qui écoute de ne pas interrompre,
de ne pas porter de jugements d'évaluation ou de ne pas
mettre d'autres obstacles.

Manifester du respect

Le leader communique le respect en favorisant l'exploration spontanée et ouverte de l'information et en ne faisant rien pour inhiber cette exploration. En particulier, le leader devrait éviter les comportements suivants :

1. *Déprécier.* Par ces comportements, on communique à son collaborateur que ses problèmes sont inexistants, exagérés, insignifiants ou généralisés. Voici des exemples de commentaires qui déprécient :

- «Je crois que tu t'en fais trop avec cela. Ça ne peut pas être aussi grave que tu le crois.»
- «Je crois que le temps va résoudre tes inquiétudes. Plus tu resteras longtemps avec nous, plus ce sera facile.»
- «La plupart des femmes semblent avoir cette impression (faire ce genre d'erreurs, etc.).»
- «Mon travail consiste à aider tous mes collaborateurs.»

2. *Ridiculiser.* Par ces comportements, on exagère les erreurs ou les échecs apparents d'un collaborateur.

- «Félicitations, Robert. À la réunion d'hier, tu as réussi, par ta façon très originale, à faire passer toute l'équipe pour une bande d'idiots aux yeux du directeur général.»

- «Quand tu as fait ta présentation, ce matin, tu étais aussi organisé qu'un nid de guêpes qu'on vient de bousculer.»

3. *Juger.* Par ces comportements, on blâme le collaborateur pour tout ce qui arrive.
  - «Si tu croyais que la soupape allait flancher, pourquoi ne l'as-tu pas remplacée avant de retourner chez toi?»
  - «Tu n'as peut-être pas suffisamment essayé de t'entendre avec les autres.»
  - «Je crois que tu t'en fais trop. Je ne peux pas croire que notre personnel ait ce genre de préjugé.»

Dans les conversations de coaching réussi, les leaders démontrent constamment du respect. Ils adoptent des comportements qui encouragent un échange spontané d'opinions et d'information. Ils évitent des comportements qui provoquent la résistance ou le ressentiment et qui bloquent cet échange.

Voici des exemples de réponses d'un leader à des affirmations qu'un collaborateur pourrait exprimer durant un entretien de coaching. On remarque que les réponses qui manifestent du respect permettent de rassembler de l'information utile ou encore ne font aucunement obstacle à cet échange d'information. Par contraste, les réponses dénuées de respect rassemblent peu d'information utile ou amènent à rassembler de l'information inutile.

Affirmation du collaborateur : «Je ne vois pas pourquoi on me demande d'utiliser un ordinateur pour faire mon travail et un second pour le nouveau réseau.»

Réponse dénuée de respect n°1 : «Tout le monde semble avoir ce genre de problème avec le nouveau système.» (Déprécier)

Réponse dénuée de respect n°2 : «Comment se fait-il que les autres semblent capables de faire fonctionner le système et d'utiliser deux ordinateurs?» (Juger)

Réponse manifestant du respect : «Quels sont précisément tes problèmes?» (Explorer)

Affirmation du collaborateur : «Je ne peux travailler avec le nouvel opérateur. Il est plus facile de faire le travail que d'essayer de le lui enseigner. Je n'ai tout simplement pas le temps.»

Réponse dénuée de respect n° 1 : «Tu devras trouver le temps. La formation des opérateurs fait partie de ton travail.» (Déprécier)

Réponse dénuée de respect n° 2 : «Personne ne trouve ça facile. Tous nos collaborateurs ont le même problème.» (Déprécier)

Réponse dénuée de respect n° 3 : «Ouais, je sais où tu mets le temps de former les opérateurs : quelque part après le déjeuner en ville et le golf.» (Ridiculiser)

Réponse manifestant du respect : «Examinons tes priorités de travail et voyons exactement où sont les conflits majeurs.» (Explorer)

Affirmation du collaborateur : «Je croyais avoir compris vos priorités concernant la formation à la sécurité, et je croyais avoir compris que vous vouliez vraiment que tous mes coéquipiers suivent le nouveau cours avant la fin de l'année.»

Réponse dénuée de respect n° 1 : «Je croyais que tu démontrerais un jugement sensé et que tu empêcherais la formation d'interférer avec la production. Mais de toute évidence, ce n'est pas le cas.» (Juger)

Réponse dénuée de respect n° 2 : «Je crois que tu as tout simplement perdu de vue la raison d'être de notre entreprise. Notre travail n'est pas de former des employés, c'est de produire des autos.» (Juger)

Réponse manifestant du respect : «Je vois que nous n'avons pas réussi à nous entendre précisément là-dessus. Voyons comment nous pouvons garder un minimum de personnel et procéder à la formation des gens.» (Accuser réception, explorer)

Explorer

Cette technique consiste à demander ou à rechercher de l'information. Au cours d'un entretien de coaching, le leader peut demander de l'information au moyen de questions ou poliment amener son collaborateur à donner de l'information. Il y a une différence fondamentale entre «S'il te plaît, dis-moi ce qui s'est passé» et «Peux-tu me dire ce qui s'est passé?»

L'exploration par question fermée encourage le collaborateur à répondre par oui ou non, ou par de courtes réponses dont le contenu ne se rapporte qu'à un sujet. Par exemple :

- «Combien d'argent reste-t-il au budget?»
- «Quelle consigne as-tu appliquée dans ce cas?»
- «Dis-moi quelle est la nouvelle compétence la plus importante que tu veux maîtriser.»
- «As-tu parlé de ça avec ton superviseur?»

L'exploration par question ouverte encourage à expliquer. Par exemple :

- «Dis-moi comment tu te débrouilles avec le projet.»
- «Dis-moi comment tu as décidé laquelle des consignes s'appliquait.»
- «Quelles sont actuellement tes attentes générales en matière de carrière?»
- «As-tu parlé de ce sujet avec d'autres?»

Voici quelques points à se rappeler concernant l'usage des questions ouvertes et fermées.

Premièrement, le but de toute exploration est de rassembler de l'information. Utiliser la question ouverte, c'est comme aller pêcher avec un filet; on attrape un certain nombre de poissons. La question fermée, c'est pêcher à l'hameçon; on essaie d'attraper un poisson à la fois. Si l'on essaie de rassembler autant d'information que possible avec un collaborateur, l'exploration par question ouverte s'avère habituellement plus utile. Cependant, si l'on est centré sur une seule question, si l'on essaie d'éliminer des solutions im-productives ou si l'on mène un test de concordance, les questions fermées sont plus utiles.

Deuxièmement, les questions fermées ne sont pas tou-jours reçues comme des questions fermées. La question «As-tu suffisamment de ressources pour réaliser le projet?» est une question fermée, mais le collaborateur à qui on pose une telle question peut donner une longue description des ressources nécessaires pour terminer le projet. On ne peut prédire comment une autre personne répondra à une question d'exploration.

Troisièmement, on doit faire preuve de prudence. En observant des leaders dans des conversations de coaching, j'ai remarqué leur tendance marquée aux questions fermées. Parfois, la prétendue conversation de coaching ressemble aux interrogatoires de police ou aux entrevues de diagnostic médical. Lorsqu'elles sont mises bout à bout, sans que le collaborateur soit encouragé à s'expliquer, les questions fermées peuvent donner fortement l'impression que le leader contrôle la conversation. Souvent, le collaborateur devient passif et se contente d'attendre de répondre à la question fermée suivante.

Refléter

En reflétant, on reformule brièvement ce que le collaborateur a dit (contenu) ou ce que le collaborateur ressent (émotion). Cette technique s'appelle également «miroir» et «écoute active». De telles réponses communiquent à l'autre qu'on le comprend et l'encouragent à fournir de l'information. Voici quelques exemples d'affirmations de collaborateurs suivis de leur reflet :

Affirmation : «Je ne comprends pas vraiment ce que veut la haute direction. On nous dit que l'ordre des priorités est la sécurité, la qualité puis l'échéance. Mais aussitôt que nous donnons l'impression qu'un test va retarder l'échéance d'une journée, on nous tape dessus.»

Reflet : «Tu as l'impression de recevoir des messages ambigus, et tu as tout de même l'impression que l'échéance reste la première priorité.»

Affirmation : «Avec tous ces changements qui nous arrivent d'un seul coup, mon équipe est dans une confusion totale. Je suis absolument fatigué de dire à mes collaborateurs que je n'en sais pas plus qu'eux.»

Reflet : «À ton point de vue, il ne semble actuellement y avoir aucune réponse à quoi que ce soit, seulement des questions.»

Affirmation :   «Tout ce qu'ils font pour nous, contremaîtres, c'est de nous dire ce que nous ne pouvons pas faire. Nous avons autant de pouvoir sur nos collaborateurs que j'en ai sur la pluie et le beau temps.»

Reflet :   «Tu as l'impression de devoir obtenir la même quantité de travail de tes collaborateurs, mais avec de moins en moins de poigne.»

Refléter n'est pas une technique naturelle pour la plupart des gens, mais elle est particulièrement utile en coaching et elle est valable dans la plupart des autres conversations de leadership. Le reflet est une technique de communication efficace pour les raisons suivantes :

1. *Pour refléter, il faut écouter.* Refléter oblige à écouter et permet de faire le point : on développe ainsi une meilleure écoute. On ne peut reformuler ou traduire la compréhension des sentiments d'un collaborateur à moins d'avoir entendu avec précision ce qu'il a dit.

2. Le reflet permet de *rassembler de l'information,* même lorsqu'il n'est pas tout à fait précis ou exact. Lorsqu'un reflet passe à côté de la cible, le collaborateur clarifie presque toujours ce qu'il a dit.

Les pages précédentes ont traité des techniques qui sont utiles pour atteindre les objectifs de la première étape. Cependant, ces techniques sont utiles tout au long du procédé de coaching.

Deuxième étape : rassembler de l'information

Objectifs de la deuxième étape

La deuxième étape du premier procédé de coaching, la résolution de problèmes, varie selon la compétence particulière à employer dans la conversation de coaching. S'il vise à conseiller, le leader s'applique à la deuxième étape à rassembler de l'information pour mieux amener son collaborateur à définir et à comprendre le problème en profondeur. S'il vise à guider, le leader fournit alors à son collaborateur des conseils sur des sujets comme les politiques et la culture de l'entreprise, et les profils de carrière. S'il vise à former, le leader se concentre sur l'*apprentissage* et donne des instructions.

Les leaders qui réussissent en coaching utilisent toutes les techniques énumérées dans le procédé de résolution de problèmes, que leur objectif soit de conseiller, de guider ou de former. Cependant, pour chacune de ces compétences, ces leaders ont tendance à employer certaines techniques avec une fréquence particulière. Les pages suivantes mettront l'accent sur l'utilité particulière de chaque technique pour chaque compétence, mais toutes les techniques sont utilisées dans toutes les compétences en coaching.

Les techniques de la deuxième étape pour la compétence «conseiller»

La deuxième étape d'un entretien de consultation a pour objectif de rassembler suffisamment d'information pour aider le collaborateur et le leader à définir et à comprendre le problème en profondeur. Les techniques accueillir, accuser réception, explorer et refléter (décrites à la première étape) sont particulièrement utiles pour rassembler de l'information et approfondir la compréhension. Trois techniques additionnelles sont utiles à cette étape : se révéler, situer et résumer.

Se révéler

Un leader peut exprimer qu'il a vécu une expérience similaire à celle que décrit son collaborateur. De telles expressions ont tendance à encourager le collaborateur, qui sent que celui qui l'écoute peut s'identifier à son problème. En voici des exemples :

- «J'ai déjà ressenti ça.»
- «Une chose semblable m'est arrivée.»
- «Mon premier projet s'est heurté à un problème similaire.»

Situer

Durant une conversation de coaching, certaines choses peuvent empêcher la conversation d'atteindre une conclusion positive. En voici des exemples :

- Le collaborateur exprime de vives émotions, telles que la colère, l'agressivité, la peur ou l'anxiété.
- Le collaborateur donne peu ou pas de réponse verbale, se ferme ou semble désintéressé.
- La conversation s'enlise et revient sur le même sujet sans progresser.
- Le collaborateur est pris au dépourvu devant le sujet et a besoin de temps pour se préparer à la discussion.
- Le collaborateur est trop fatigué ou trop contrarié pour s'engager dans une conversation utile.

«Situer» est la capacité de réagir «en temps réel» à des conditions comme celles-là. «Situer» consiste à centrer la conversation de coaching sur l'ici-et-maintenant. Cela comprend tout commentaire qui attire une attention *immédiate* sur tout ce qui pourrait bloquer le progrès de l'entretien de coaching.

La conversation peut être souvent bloquée quand le collaborateur n'est pas prêt pour une conversation de coaching. Ce n'est pas parce qu'un leader décide d'avoir un entretien de coaching que le moment convient également à son collaborateur. Un collaborateur qui n'est pas prêt peut agir de façon confuse ou nonchalante. Avant de tenir un entretien de coaching, le leader doit vérifier la disponibilité de son collaborateur et déterminer si la conversation peut être profitable.

Durant le coaching, un collaborateur peut devenir agressif, coléreux ou belliqueux, et le leader ne peut se permettre d'ignorer ces émotions et ces comportements. Le leader doit émettre un commentaire sur ce qui est en train de se passer, demander au collaborateur s'il veut poursuivre la conversation et parvenir avec lui à un accord sur la façon de procéder.

> J'ai un jour observé un leader qui tenait une conversation de coaching avec un de ses collaborateurs. Le leader essayait d'amener son collaborateur à fournir plus de direction technique sur un projet que ce dernier dirigeait. Les deux tournaient en rond sans parvenir à une conclusion. Le leader était persuadé que le collaborateur en savait plus que quiconque sur la technologie du projet. Le collaborateur affirmait que son travail consistait à gérer plusieurs projets et qu'il ne pouvait trop s'engager dans l'étude de la technologie d'un projet en particulier. Finalement, le leader utilisa la technique «situer» et dit : «Écoute, nous n'allons nulle part. Tout ce que nous faisons, c'est de reformuler nos positions. Ce projet est en difficulté technique. J'ai besoin de ton aide. On devrait peut-être penser au problème (ce que tu veux et ce dont j'ai besoin), et se rencontrer de nouveau demain pour voir si l'on peut trouver une solution.»

Situer consiste non seulement à attirer l'attention sur le blocage qui se présente au cours des conversations de coaching mais aussi à offrir des stratégies pour surmonter ce blocage. De telles stratégies peuvent comprendre :
- tenter une nouvelle approche, aborder le problème d'un autre angle;

- reconnaître que le leader et le collaborateur doivent tous deux faire des compromis;
- faire une pause pour permettre à son collaborateur de rassembler ses pensées;
- reporter la conversation à un moment ultérieur.

Voici quelques exemples de la technique «situer» :
- «Tu es très en colère à présent. C'est clair. Peut-être pourrions-nous parler de ce qui te rend si furieux avant de continuer?»
- «Je veux résoudre ce problème avec l'entrepreneur. Tu sembles vouloir parler de ta déception de ne pas avoir été promu. J'aimerais parler de ta déception, mais j'ai également besoin de parler du cas de l'entrepreneur. Comment voudrais-tu traiter les deux?»
- «Je pense que nous commençons à ressasser le même sujet. Peut-être avons-nous épuisé toutes les raisons pour lesquelles l'échéance n'a pas été respectée. Parlons maintenant de la façon de régler le problème.»
- «Ce sujet semble t'avoir pris par surprise. Veux-tu continuer maintenant ou attendre d'avoir eu le temps d'y penser?»

Résumer

Une bonne technique de coaching consiste à arrêter périodiquement de rassembler de l'information et à résumer ce qui a été dit. Cela aide le leader et le collaborateur à garder les faits essentiels à l'esprit et à s'assurer que la conversation progresse dans la compréhension mutuelle.

Voici des exemples de résumé :

- «Ta charge de travail augmente soudainement, tu perds ton meilleur superviseur, et une confusion s'installe quant aux priorités : ça semble être les raisons majeures pour lesquelles nous sommes en retard sur l'échéance. Est-ce que c'est à peu près cela?»
- «Laisse-moi vérifier si j'ai bien compris. Tu as eu de la difficulté à emménager dans les nouveaux espaces parce que : un, le personnel du service aux clients n'est pas sorti à temps; deux, les spécifications des modifications ont été changées à la dernière minute; et trois, tu as eu du mal à étaler le temps d'arrêt avec tes clients.»

Les techniques de la deuxième étape pour les compétences «guider» et «former»

Les compétences «guider» et «former» ont comme objectifs différentes sortes d'apprentissage. Quand on observe le processus d'apprentissage en coaching, on voit qu'il se déroule comme suit :

1. Le leader s'assure que le collaborateur connaît l'objectif de l'apprentissage, par exemple quel genre de caractéristique l'entreprise apprécie chez un cadre principal (compétence «guider») ou comment améliorer la rédaction d'un rapport (compétence «former»).

2. Le leader commence à conseiller, à enseigner ou à démontrer.

3. Le collaborateur montre qu'il comprend et peut utiliser la connaissance ou la technique présentée par le leader.

4. Le leader corrige toute interprétation erronée ou adapte l'apprentissage du collaborateur.

Trois techniques sont utiles à la deuxième étape d'une conversation fondée sur les compétences de guider ou de former : préciser, ressourcer et confirmer.

Préciser

Le leader doit communiquer ce qu'il veut que son collaborateur sache ou soit capable de faire. Aviser son collaborateur que «nos meilleurs leaders sont reconnus comme des gens d'équipe» n'est pas suffisamment précis pour être utile au collaborateur. Dire à un collaborateur que «ses rapports ont besoin d'être plus frappants» ne dit pas au collaborateur quoi faire avec.

Un jour, j'écoutais avec étonnement un leader dire à l'un de ses collaborateurs directs qu'il devait «être plus professionnel», qu'il ne semblait pas connaître «son rôle de leader» et qu'il devrait «penser comme un leader». La conversation n'est jamais devenue plus précise. Mais le collaborateur acquiesçait! Puis, la séance prit fin sans autre directive.

J'ai souvent entendu des leaders dans le bureau des projets d'une firme d'ingénierie aérospatiale dire à leurs ingénieurs — surtout les nouveaux — que, pour réussir, ils devaient être motivés. Certains de ces ingénieurs arrivaient par tâtonnement à savoir ce que voulait dire «être motivé». D'autres étaient congédiés ou mutés parce qu'ils ne le trouvaient pas du premier coup et se faisaient accuser de «prendre trop d'initiatives individuelles».

Dans une autre firme, j'ai eu la chance d'observer un certain nombre d'entretiens de coaching menés par des cadres intermédiaires. Dans une conversation visant à guider, un cadre a annoncé à un superviseur que la façon de progresser dans l'entreprise était «d'être toujours un bon collaborateur et de soutenir le patron; de présenter de bonnes idées mais pas trop; et d'apprendre à utiliser de bons tableaux et des graphiques pendant les présentations». La seule partie précise de ce conseil était la plus banale : «utiliser de bons tableaux et des graphiques». Mais la question demeure : qu'est-ce qu'un bon tableau et un bon graphique?

Ressourcer

La pratique du coaching présuppose que les leaders sont une source d'aide potentielle. Un coaching réussi (particulièrement les compétences «conseiller», «guider» et «former») repose sur l'hypothèse que les leaders ont une connaissance et une expérience particulières — des ressources uniques — à utiliser pour favoriser le développement de leurs collaborateurs. Ces ressources peuvent être :
- de l'information,
- des conseils,
- des explications,
- des démonstrations, ou

- des références.

«Ressourcer» comporte deux caractéristiques qui exigent certaines explications :
- Cette technique ne doit pas empiéter sur l'initiative des collaborateurs ni créer de surdépendance;
- Elle doit être précise.

La dépendance. La force du coaching repose sur le leader qui constitue une ressource potentielle. Mais cela peut également constituer une faiblesse en coaching. Par sa fonction, le leader est un spécialiste en résolution de problèmes. Le danger en coaching est que le leader résolve des problèmes pour ses collaborateurs alors qu'il ne devrait pas.

Aucun leader ne voudrait de collaborateurs surdépendants, qui manquent d'initiative ou qui n'ont jamais d'idées nouvelles. Chaque fois qu'il a une conversation de coaching avec un collaborateur, le leader doit faire un choix. Le leader fournira-t-il à son collaborateur une occasion de résoudre le problème ou résoudra-t-il lui-même le problème? Donnera-t-il à son collaborateur l'occasion de découvrir de l'information ou encouragera-t-il ce dernier à devenir de plus en plus dépendant de lui pour cette information? Chaque fois qu'il résout un problème pour son collaborateur, le leader rate une occasion de développer la compétence de ce dernier. Une telle intervention favorise la «déresponsabilisation», enlève de la responsabilité et du pouvoir à son collaborateur. C'est tout le contraire du développement de la compétence et de l'influence qui sont essentielles pour favoriser l'engagement chez ses collaborateurs.

Le leader peut répondre aux questions ou résoudre des problèmes, mais il doit prendre garde de ne pas encourager la dépendance plutôt que l'interdépendance chez ses collaborateurs.

Confirmer

Le leader ne peut jamais être certain que l'information a été reçue et comprise, ou que la prise de conscience ou l'apprentissage a eu lieu avant que «la boucle soit bouclée». La confirmation est une technique de feedback. Le leader dispose de plusieurs moyens pour confirmer que les résultats ont été atteints.

Le leader peut demander à son collaborateur de reprendre ou de reformuler ce que le leader a dit. Par exemple :

- «Voudrais-tu reprendre ces étapes dans tes propres mots et me dire comment tu vas procéder?»
- «À ton avis, quels sont les points principaux qui devraient être couverts dans ta prochaine évaluation du projet?»

Un leader peut confirmer que l'information a été comprise ou que l'apprentissage a eu lieu en demandant à son collaborateur de démontrer une technique quelconque, durant une séance de coaching ou plus tard. Par exemple :

- «Et si tu changeais la conclusion du rapport — en suivant les lignes directrices sur lesquelles on s'est entendus — et si tu revenais me voir demain?»
- «Voici une demande de proposition. En te basant sur ce que je viens de dire, qu'est-ce qui ne va pas, à ton avis?»
- «Et si tu refaisais cette présentation, demain, en incluant tous les changements sur lesquels nous nous sommes entendus?»

Préciser, ressourcer et confirmer sont des techniques particulièrement utiles pour les compétences «guider» et «former». Cependant, comme c'est le cas de toutes les techniques employées dans le premier procédé de coaching, la résolution de problèmes, ces techniques s'appliquent à divers moments dans toutes les compétences du coaching.

Troisième étape : résoudre

Objectifs de la troisième étape

Le leader emploie le coaching dans le but général et ultime d'obtenir de son collaborateur un engagement à un niveau de performance plus élevé; il cherche en même temps à entretenir des relations de travail positives entre lui-même et son collaborateur. C'est par ce procédé entier qu'on atteint cet objectif.

Des relations de travail positives se développent, s'entretiennent et se consolident lorsqu'on applique les caractéristiques fondamentales du coaching réussi, telles que manifester du respect, s'assurer que la conversation est réciproque, se centrer sur le problème et rester orienté vers l'avenir. L'engagement se développe tout au long de la conversation à mesure que le leader démontre de la clarté, cultive la compétence, partage l'influence et exprime de l'appréciation.

La troisième étape, résoudre, a pour but de renforcer les relations positives et l'engagement. Elle a deux autres objectifs, parvenir à une *conclusion* et planifier les *étapes pour assurer un suivi.*

La conclusion termine la conversation de coaching. L'objectif est alors de renforcer le sens d'accomplissement du collaborateur. Dans la conclusion, on révise ce qui ressort de la conversation de coaching et on confirme l'accomplissement actuel et futur de son collaborateur.

La planification des étapes du suivi peut prendre différentes formes, selon la compétence de coaching. Pour la compétence de conseiller, le collaborateur et le leader établissent les stratégies qu'emploiera le collaborateur pour résoudre le problème défini à la deuxième étape. Pour la compétence de guider, les étapes suivantes peuvent amener le collaborateur à expérimenter ce dont il a été question, puis le leader et le collaborateur à avoir un entretien de suivi. Pour la compétence de former, les étapes suivantes peuvent amener le collaborateur à mettre en pratique les nouveaux acquis ou à travailler à des projets d'autoformation.

Techniques de la troisième étape

Pour s'assurer qu'on atteint les objectifs généraux d'engagement et de relation positive, on peut se servir de trois techniques pour la conclusion et la planification des étapes visant à assurer un suivi. Ces techniques sont réviser, planifier et apprécier.

Réviser

Rassembler l'information et apprendre sont des accomplissements auxquels le collaborateur a participé. On doit réviser l'information acquise et les points d'apprentissage afin de vérifier que le leader et le collaborateur comprennent la même chose et afin de mettre l'accent sur l'accomplissement du collaborateur. Réviser permet de parvenir à une conclusion et d'éprouver un sentiment de complétude. Cette technique encourage également le collaborateur à exprimer son engagement. On peut réviser de différentes façons, par exemple :

- «Je crois que tu as réussi à découvrir les raisons principales pour lesquelles nous sommes en retard sur la production de la nouvelle machine. Vérifie si c'est juste. Il nous a fallu attendre deux semaines avant d'obtenir l'autorisation du service d'homologation. Le nouveau logiciel de direction avait de sérieux pépins. Et ton équipe n'a pas eu la chance de se roder à cause de nombreux changements de personnel.» (Compétence «conseiller»)
- «Je crois que nous avons bien élaboré notre stratégie pour ta rencontre avec le comité consultatif sur le personnel. Premièrement, essaie de ne pas être la première personne à attaquer la nouvelle consigne

sur la carte de poinçonnage. C'est l'idée du directeur général et il n'est pas dans notre intérêt d'être considérés comme des fauteurs de trouble. Deuxièmement, assure-toi de faire des commentaires sur les caractéristiques positives de la consigne. Troisièmement, assure-toi de montrer comment les changements que nous désirons apportés sont avant tout des façons de réduire la paperasse.» (Compétence «guider»)

- «Maintenant que nous avons discuté des sections qui doivent être incluses dans nos révisions techniques, je veux les revoir une dernière fois afin que tu en connaisses exactement le déroulement. D'abord, tu dois inclure sur la page couverture un synopsis de ce que tu as fait, tes découvertes et tes recommandations. Ensuite, l'évaluation doit comprendre trois sections : 1° une affirmation du but de l'évaluation; 2° une description de la façon dont le document a été évalué et des références à des données similaires publiées; 3° un énoncé de tes conclusions avec tout l'appui que tu peux donner. Si tes découvertes sont sans résultat concluant, ajoute une quatrième section dans laquelle tu établis clairement pourquoi elles sont sans résultat concluant.» (Compétence «former»)

Planifier

Aux dernières étapes de la conversation de coaching, le leader planifie avec son collaborateur des choses telles que :

- des stratégies de résolution des problèmes identifiés (Compétence «conseiller»);

- des façons de tester ou de développer chez son collaborateur la compréhension de la culture de l'entreprise, les valeurs et les attentes de la haute direction, etc. (Compétence «guider»);
- des façons de mettre à l'épreuve les nouveaux acquis ou de saisir des occasions d'apprentissage additionnelles (Compétence «former»).

Planifier peut être une activité toute simple, comme de demander à un collaborateur de mettre en pratique une nouvelle leçon précise pour ensuite en faire rapport. Ce peut être complexe, comme de demander à son collaborateur d'élaborer un plan de développement de carrière de cinq ou dix ans. Cela peut être impersonnel, comme d'établir un échéancier de projet révisé, ou personnel, comme de décider comment le collaborateur utilisera le programme d'aide aux employés de l'entreprise pour résoudre un problème familial.

Quel que soit son contenu ou sa complexité, un bon plan a souvent les caractéristiques suivantes :

- Le plan est élaboré avec l'influence du collaborateur et obtient son engagement entier. Celui-ci assume la responsabilité du plan parce qu'il reflète, dans la mesure du possible, sa contribution et ses décisions.
- Le plan est constitué de phases d'action concrètes. Il fait plus que traduire une intention d'«essayer de faire mieux» ou «d'être plus sensible» ou d'«accorder plus d'attention aux principaux dirigeants».
- Le plan comprend une façon précise de mesurer son progrès et son succès à un moment particulier dans un avenir rapproché.

Voici quelques exemples d'extraits de conversations de planification :

- «Eh bien, je te suggère d'essayer une nouvelle approche avec Jean — lui donner plus de latitude dans la séquence qu'il utilise pour gérer les applications — et de voir comment cela se passe pendant une semaine. Puis, reviens me voir pour me dire comment ça va.» (Compétence «conseiller»)
- «Après que tu auras eu une chance de trouver ce que nos commis à la tarification veulent exactement, ce qu'ils aiment et ce qu'ils n'aiment pas, nous pourrons nous reparler pour savoir si tu veux aller de l'avant. Convenons de ce plan et reviens me voir au plus tard dans 10 jours.» (Compétence «guider»)
- «À présent, tu as une bonne maîtrise des étapes de préparation du modèle. Si tu crois être prêt à commencer à travailler sur les senseurs que nous utilisons, essaie de trouver tout ce que tu peux avant lundi, d'accord?» (Compétence «former»)

Apprécier

Le premier objectif général d'un coaching réussi est l'engagement du collaborateur à améliorer sa performance. L'engagement résulte de deux conditions préalables : la compétence et l'influence. Apprécier est une technique qui renforce le sentiment de compétence du collaborateur. Dans toute conversation de coaching réussi, le collaborateur démontre diverses sortes de compétences nouvelles. La technique d'appréciation attire directement l'attention sur ces compétences. En voici quelques exemples :

- «Je sais que ce n'a pas été facile pour toi d'appro-fondir les causes de la baisse de performance de l'équipe ce semestre-ci, mais tu as fait un bon travail d'analyse. Je veux aussi te féliciter pour la façon dont tu as accepté ta part de responsabilité. Je ne peux faire mon travail que dans la mesure où j'ai des gens comme toi qui ne donnent pas d'excuses et qui n'ont pas peur de faire face à la situation. Merci de nous aider à trouver la lumière au bout du tunnel.» (Compétence «conseiller»)
- «Tu as une bonne perception de ce qui se passe dans notre service. Les chercheurs sont de drôles de gens et tu saisis vraiment comment ils fonctionnent.» (Compétence «guider»)
- «Je crois que tu as dépassé la partie la plus difficile de cette nouvelle séquence d'approvisionnement. Tu es allé plus vite que je ne le croyais!» (Compétence «former»)

Résumé du premier procédé de coaching : la résolution de problèmes

Voici les points principaux à se rappeler sur le procédé et les techniques à employer dans le premier procédé de coaching, la résolution de problèmes :

1. Le premier procédé de coaching décrit les conversations de coaching réussi qui visent à conseiller, à guider et à former.

2. Le premier procédé de coaching se compose de trois étapes :

- 1re étape : impliquer
- 2e étape : rassembler de l'information
- 3e étape : résoudre

3. La dynamique générale du procédé est la même, peu importe la compétence, mais chaque compétence a ses objectifs et ses techniques propres, qui sont particulièrement évidents à la deuxième étape, rassembler de l'information.

4. Toutes les étapes du procédé sont interdépendantes et il y a généralement un mouvement de va-et-vient entre les étapes. Cependant le processus est directionnel; il se dirige vers des résultats précis et une conclusion.

5. Certaines étapes requièrent l'usage de certaines techniques, mais la plupart des techniques — surtout les techniques visant à rassembler de l'information de la première étape — sont utilisées tout au long du processus.

6. C'est le *procédé* de la conversation de coaching et non le contenu qui mène à un engagement à améliorer sa performance tout en maintenant une relation de travail positive entre le leader et le collaborateur.

C'est la conversation de coaching dans son ensemble qui produit les résultats désirés de la façon la plus constante.

Pour être un coach compétent, un leader doit pouvoir mener le procédé du début à la fin. Pour illustrer le premier procédé dans son intégralité, les trois sections suivantes de ce chapitre présentent des exemples des trois compétences du coaching, conseiller, guider et former, qui emploient le premier procédé de coaching.

Exemples du premier procédé de coaching : la résolution de problèmes

Dans les exemples qui suivent, **L** symbolise le leader, et **C** le collaborateur. Le collaborateur peut être un superviseur, mais pas nécessairement.

Pour chaque exemple, la colonne de gauche contient la conversation de coaching. Les étapes et les techniques du procédé sont identifiées dans la colonne de droite. Les étapes sont en gras, et les techniques en italiques. Les techniques ne sont pas toutes illustrées dans chaque exemple parce qu'une conversation de coaching peut ne pas toutes les utiliser. Dans l'ensemble des trois exemples, toutefois, toutes les techniques essentielles du premier procédé sont illustrées.

Comment utiliser les exemples

Les exemples illustrent les objectifs, les étapes et les techniques des trois premières compétences de coaching : conseiller, guider et former. Ces modèles peuvent être de puissants outils d'apprentissage. Les suggestions qui suivent aident à faire un usage bénéfique de ces exemples.

1. Avant de lire un exemple, réviser le premier procédé de coaching et les techniques particulières reliées à la compétence que l'exemple illustre (voir figure 3);

2. Couvrir la colonne de droite de l'exemple et mettre à l'épreuve sa capacité d'identifier les étapes et les techniques;

3. Après avoir parcouru un exemple une fois, le relire en y substituant ses propres réponses à celles que le leader donne dans l'exemple.

Conseiller : un exemple

L'exemple de la compétence de conseiller consiste en une conversation de résolution de problèmes qui peut être engagée par le leader ou le collaborateur et qui peut donner des résultats particuliers, dont :

- décrire précisément les problèmes et leurs causes;
- comprendre des facteurs techniques et organisationnels;
- exprimer des sentiments profonds;
- changer de point de vue;
- s'engager à agir de façon autonome;
- mieux percevoir ses sentiments et son comportement.

Ces entretiens conduisent aussi aux résultats généraux du coaching, soit l'engagement et une relation de travail positive.

Conversation	Commentaires
C : Merci de me rencontrer à quelques minutes d'avis. J'ai eu quelques problèmes qui pourraient retarder l'installation du nouveau réseau du bureau et j'aimerais te le faire savoir et voir ce que tu crois que je peux faire.	**1re étape :** **Impliquer** Coaching entrepris par le collaborateur
L : J'ai un rendez-vous dans 20 minutes. Voyons jusqu'où nous pouvons nous rendre. Nous allons reprendre ça plus tard au besoin. Qu'est-ce qui se passe?	*Clarifier* **2e étape :** **Rassembler de l'information** *Explorer* *(question ouverte)*
C : Nous pensions avoir réglé la question de la compatibilité, mais l'entrepreneur vient de m'informer que tout ordinateur plus ancien que le PC-3 ne peut pas gérer le nouveau logiciel graphique. Nous avons 10 unités qui doivent être remplacées.	
L : Alors, tu as été surpris par l'annonce de l'entrepreneur.	*Refléter*
C : Oui. Il dit que notre ancien ordinateur ferait normalement l'affaire, mais que nous l'avons modifié pour nos besoins de partage de tâches quand nous l'avons installé. Comme nous ne le lui avons pas dit, il prétend que c'est nous qui avons gaffé.	

L : Donc, nous avons un problème avec l'entrepreneur et un problème de compatibilité. Est-ce tout?

Résumer
Explorer (Cette question *fermée* reçoit la même réponse que si elle était ouverte)

C : Eh bien, il y a un problème connexe. Nous avons dit à tous les infographistes qu'ils pouvaient utiliser leur ordinateur actuel et apprendre à leur gré le nouveau système graphique. Si ce que l'entrepreneur me dit est vrai, je suis dans de beaux draps.

L : Est-ce que ce sont toutes les pièces du puzzle?

Explorer
(question fermée)

C : Oui.

L : Alors, examinons la situation. Premièrement, l'entrepreneur nous dit que notre ancien ordinateur ne gère pas le système graphique. Deuxièmement, nous avons convaincu les infographistes d'utiliser le nouveau réseau en les assurant qu'ils pouvaient garder leur ordinateur actuel. Troisièmement, nous leur avons également dit qu'ils pouvaient continuer d'utiliser le vieux logiciel graphique et apprendre le nouveau avec le temps, et que les deux systèmes allaient fonctionner dans le nouveau réseau.

Résumer

C : C'est à peu près cela.

L : Alors, à ton avis comment de-vrions-nous procéder?

**3ᵉ étape :
Résoudre**
*Explorer
(question ouverte)*

C : Je crois qu'il est crucial de faire accepter le nouveau réseau. J'ai-merais faire tout mon possible avant que nous décidions qu'il est inévi-table de changer nos vieux PC. C'était suffisamment difficile, jus-qu'ici, d'attirer les infographistes de notre côté. J'aimerais avoir au moins une autre opinion. Le problème est que nous avons déjà signé un contrat avec Microtech. Si nous consultons un autre expert et dé-couvrons que Microtech avait tort, alors que se passera-t-il?

L : Je crois qu'il faut le faire. Microtech ne voudra pas paraître incompétent dans cette affaire. Si l'entrepreneur a tort, je peux te dire, d'après mon expérience, que Microtech sera content de renégo-cier le contrat car il ne peut se per-mettre d'avoir l'air idiot. S'il a raison, nous devrons examiner nos possi-bilités. Essaie d'obtenir l'avis d'un autre expert, mais commence à éla-borer ton plan de rechange — en supposant que Microtech ait raison.

Ressourcer

Planifier

C : J'y vais tout de suite.

L : Merci de me tenir au courant. Je pense que tu as une vision claire de nos options. Si nous avons de la   *Apprécier* chance, Microtech aura tort. Sinon, je sais que tu trouveras des arrangements possibles avec les infographistes.

Guider : un exemple

L'exemple de la compétence de guider consiste en une conversation de coaching qui peut être engagée par le collaborateur ou par le leader. Elle rassemble de l'information qui permet au collaborateur de contribuer à sa propre réussite. La compétence de guider peut être un sage conseil qui dénoue les mystères organisationnels. Dans ce procédé, le leader partage avec son collaborateur les intuitions qu'il a tirées de son expérience personnelle. La compétence de guider permet au collaborateur d'éviter les écueils, de planifier sa carrière et d'adapter son comportement aux normes et à la culture de l'entreprise. Les résultats habituels de la compétence de guider sont les suivants :

- développer du doigté politique;
- se sensibiliser à la culture de l'entreprise;
- développer son réseau personnel;
- prendre en main la gestion de sa carrière;
- s'engager envers les objectifs et les valeurs de l'entreprise;
- se sensibiliser aux intérêts et préférences de la haute direction.

Conversation	Commentaires

L : Joanne, le mois prochain, tu auras à soumettre les rapports hebdomadaires au directeur. Je sais que tu m'as regardé faire, mais je crois que ça t'aiderait si je te donnais mon impression sur ce que le directeur aime et sur ce qui semble l'agacer.

1re étape :
Impliquer

Clarifier

C : Cela me serait très utile. J'ai remarqué qu'il est parfois tout sourire et qu'à d'autres moments il donne du fil à retordre aux présentateurs.

L : Commençons par ce qu'il aime. D'abord, assure-toi que ta présentation suit la trajectoire établie. Il veut que tout ce que tu dis sur le projet soit relié à ce qu'il a vu à la dernière présentation. Il a une excellente mémoire et il fait une recherche approfondie.

2e étape :
Rassembler de l'information

Ressourcer

C : Devrais-je remonter plus loin que la dernière présentation?

L : Seulement s'il y a une tendance négative. Si le projet correspond aux objectifs, il veut un minimum d'information. Mais s'il y a un problème, il veut remonter au moment où il a commencé. Alors, tu connais sa préférence numéro un?

Ressourcer

Confirmer

C : Je crois bien. Lui donner une révision d'au moins un rapport et couvrir les problèmes à partir du moment où ils ont commencé.

L : Bien. Ce qu'il aime ensuite, ce sont tes conclusions et tes recommandations. Il s'attend à ce que tu lui dises quoi faire. Ne sois pas timide. Mais il vaut mieux que tu connaisses dans les moindres détails la technologie dont tu parles. Il ne tolère aucunement les superviseurs qui ignorent la technique. Alors, c'est sa préférence numéro deux. Pourquoi ne résumes-tu pas ce que je viens de dire?

Accuser réception
Ressourcer

Confirmer

C : Premièrement, il veut que l'exposé actuel fasse un lien avec la présentation précédente, et il veut l'évaluation complète des problèmes jusqu'à ce qu'ils soient réglés. Deuxièmement, il veut que je lui dise quoi faire, s'il y a des décisions à prendre. Mais il vaut mieux que je connaisse les détails techniques sur le bout des doigts.

L : C'est bien, tu comprends. Y a-t-il quelque chose qui ne te semble pas clair jusqu'à maintenant?

Accuser réception

Confirmer

C : Une seule chose. Quels genres de problèmes lui présentons-nous?

L : Seulement ceux qui provoquent des retards et tout ce qui présente un danger pour la sécurité. À présent, examinons les choses qui le dérangent. Il n'y en a que deux. Premièrement, ne sois jamais, jamais en retard. Il est exigeant quant à la ponctualité. Il ne te fera jamais attendre. Ne le fais pas attendre. Aie toujours un présentateur en réserve. Deuxièmement, n'essaie pas de l'impressionner avec de jolies diapos. Garde-les claires et simples.

Ressourcer

Ressourcer

Maintenant, examinons le chemin que nous avons parcouru. Ses préférences sont : 1° compare les données de cette semaine avec celles de la semaine dernière, mais couvre les problèmes depuis leur commencement; 2° dis-lui toujours quoi faire, mais connais en détail ce que tu recommandes. Ses phobies sont : 1° ne sois pas en retard, et 2° n'essaie pas de jeter de la poudre aux yeux avec tes diapos, garde-les claires et simples.

3e étape :
Résoudre
Réviser

J'aimerais que tu penses à ce que nous avons discuté. Reviens me voir vendredi. Nous allons examiner ta première présentation pour voir si tu as bien saisi les préférences et les aversions du directeur.

Planifier

C : Cela me sera très utile. Je ne veux surtout pas rater ma première présentation.

L : Je pense que tu feras un travail de premier ordre, voilà pourquoi je te l'ai confié. Pour présenter un rapport, tu vaux n'importe quel membre de l'équipe.

Apprécier

C : Eh bien, merci de me faire confiance — et merci pour le coup de main.

Former : un exemple

La compétence de former consiste à enseigner en face à face. Ce type de conversation peut être engagé par le leader ou par le collaborateur. Former est toujours un procédé complémentaire : il ne remplace pas la formation en groupe ou sur le terrain. Il est trop accaparant et intensif pour remplacer la formation continue et les activités régulières de développement. Il devrait toujours être concentré sur l'apprentissage, qui a un effet immédiat sur l'accomplissement d'une tâche, et non sur les compétences dont le collaborateur pourrait avoir besoin un jour.

Même si la compétence de former est fortement orientée sur le présent, elle partage avec toutes les compétences du coaching le but de l'engagement à long terme. Quand on le forme, c'est le collaborateur qui s'engage dans son propre apprentissage. Voici des exemples typiques des résultats des conversations visant à former :

- améliorer sa compétence technique;
- accroître sa compréhension technique;
- développer son expertise;
- accélérer son rythme d'apprentissage;
- s'engager à se perfectionner sans cesse.

Conversation	Commentaires
L : Tu as terminé ta première rédaction d'évaluation de performance. J'aimerais savoir si je peux t'aider d'une façon ou d'une autre pour que ce système fonctionne mieux pour toi. Je soupçonne qu'il peut y avoir une ou deux choses dont tu aimerais parler ou sur lesquelles tu voudrais avoir des éclaircissements.	**1re étape : Impliquer** *Clarifier* *Explorer (question ouverte)*
C : Eh bien, je savais que ce ne serait pas facile, et ça ne l'a pas été.	
L : D'après mon expérience, cela a toujours été l'une de mes tâches les plus difficiles. J'apprends quelque chose chaque fois que j'en rédige une série. Dis-moi ce que tu as découvert de plus difficile dans cette tâche.	*Se révéler* *Explorer (question ouverte)*

C : Eh bien, je suis passé par toutes les étapes dont nous avions discuté auparavant. Les choses se sont assez bien passé pour ce qui est de mes deux premières évaluations. Mais j'ai vraiment eu un problème avec Georges. Il était agacé avant que je commence son évaluation. Il m'a aussitôt dit qu'il n'avait jamais été évalué équitablement et que, cette fois-ci, ce ne serait pas différent. Moi-même, j'ai fini par me sentir plutôt en colère. À un moment donné, je lui ai juste crié de s'asseoir, j'ai mis l'évaluation devant lui et je lui ai dit de la lire : elle était aussi équitable que possible.

L : On dirait que Georges t'a initié plutôt rudement à cette tâche. *Refléter*

C : Ouais, il m'a vraiment étonné. En fait, j'avais beaucoup de commentaires positifs que je voulais lui transmettre, mais nous n'y sommes jamais arrivés. Maintenant, je me demande si j'ai été trop bon pour lui dans l'évaluation.

L : Alors, tu as perdu ton sang-froid. *Refléter*
Quand tu y repenses maintenant, qu'est-ce que tu imagines que tu aurais pu faire — ou que tu aurais aimé avoir fait — différemment? *Explorer (question ouverte)*

C : J'imagine que je l'aurais calmé d'une façon ou d'une autre, ou que j'aurais organisé la rencontre autrement. Mais honnêtement, je ne sais pas ce que j'aurais pu faire de bien différent.

L : Essayons quelques idées maintenant. D'abord, pour une raison quelconque, Georges n'était certainement pas prêt pour une rencontre d'évaluation de la performance. Alors, une solution de rechange serait de la retarder pour lui donner une chance de se calmer.

2e étape : Rassembler de l'information

Ressourcer

C : Oui. J'ai tout simplement laissé la conversation m'échapper parce que j'ai été complètement pris par surprise.

L : Une autre solution serait d'oublier l'évaluation et d'utiliser la rencontre pour découvrir ce qui dérangeait Georges.

Ressourcer

C : J'aurais pu faire ça. Je m'étais juste programmé pour passer à travers ces évaluations, et je ne pouvais pas m'écarter de mon propre plan.

L : Une troisième stratégie serait de t'assurer — un peu avant de faire leur évaluation — que c'est le bon temps pour Georges et tous tes collaborateurs. Nous avons tous des crises et le fait d'affronter une évaluation peut être la goutte qui fait déborder le vase — même si elle est au programme. Je crois que plus on peut donner de contrôle à ses collaborateurs sur ces choses, mieux ça vaut.

Ressourcer

C : Merci. La prochaine fois, j'essaierai de ralentir et de penser à d'autres solutions. On dirait que tout peut arriver dans une séance d'évaluation.

L : Avais-tu d'autres questions ou préoccupations?

Explorer
(question ouverte)

C : Non, pas que je sache.

L : OK, alors dis-moi, avec le recul, quelles auraient pu être tes solutions de rechange avec Georges, selon toi?

Confirmer

C : Eh bien, j'aurais pu demander une pause et repousser la date de la rencontre. J'aurais tout simplement pu oublier l'évaluation pour l'instant et chercher ce qui le dérangeait. J'aurais pu vérifier auprès de lui, plus tôt dans la journée, pour voir si le moment lui convenait pour notre rencontre.

L : Je crois que tu as beaucoup appris de cette expérience. N'oublie pas que les autres se sont bien déroulées. Je soupçonne qu'à l'avenir, tu répondras aux «Georges» avec beaucoup plus de doigté.

Apprécier

Résumé du chapitre 3

Tous les procédés de coaching réussi ont en commun certaines caractéristiques générales :
- Le procédé satisfait les besoins rationnels et affectifs du collaborateur.
- Le procédé est interactif et créé par le comportement que le leader adopte pour ouvrir la conversation et pour répondre au collaborateur.
- Le procédé de coaching comporte des étapes interdépendantes; les objectifs d'une étape doivent être atteints avant ceux de l'étape suivante.
- Le procédé de coaching est créé et rendu utile par l'usage structuré de techniques précises de communication.

Chapitre 4

Le deuxième procédé de coaching : l'amélioration de la performance

La conversation de coaching destinée à améliorer la performance consiste à *confronter*. L'objectif à court terme de la compétence de confronter est de provoquer une adaptation immédiate et positive de la performance d'un collaborateur. Par exemple, le leader veut qu'un collaborateur accomplisse, à un niveau satisfaisant, une certaine tâche, telle que rédiger des documents ou des comptes rendus précis, ou soumettre un rapport en bonne et due forme; ou il veut faire passer un collaborateur d'un niveau de performance satisfaisant à un niveau supérieur; ou il souhaite donner à un collaborateur des tâches qui sont plus difficiles et plus complexes, comme passer de la collecte de données à l'analyse statistique.

Il est bien sûr plus difficile pour le leader de signifier à son collaborateur qu'il veut le voir passer d'un rendement insatisfaisant à un rendement satisfaisant, que de lui indiquer qu'il veut le voir passer à un rendement supérieur. Ce dernier cas est bien accueilli par les collaborateurs, qui le considèrent même comme un compliment. Par contre, si le leader signale à son collaborateur qu'il ne donne pas un rendement satisfaisant, le collaborateur perçoit souvent cette intervention comme une réprimande. Pour une grande part, ce chapitre portera sur une sorte de conversation de coaching difficile : confronter une performance insatisfaisante. Mais si le leader maîtrise la conversation la plus difficile, il sera capable d'accomplir la moins difficile.

Avant d'exposer le procédé même, il serait sage de faire une distinction entre confronter et critiquer tout en décrivant de quelles façons on peut rendre la confrontation inu-tilement difficile.

Confronter et non critiquer

Confronter est un procédé de coaching par lequel le leader corrige des problèmes de performance, développe l'engagement à une amélioration continue et entretient des relations positives avec son collaborateur. Dans le contexte du coaching, cela veut dire faire carrément face aux problèmes pour les régler, mais non de façon provocante et antagoniste. C'est un procédé structuré de présentation du problème et de gestion de la performance. Il requiert la maîtrise de techniques spécifiques de communication. Confronter est différent de critiquer; en fait, la critique est antiproductive. Les différences entre confronter et critiquer sont exposées à la figure 4.

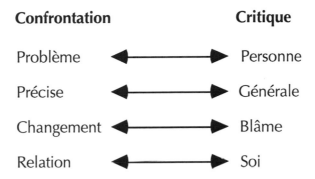

Confrontation		Critique
Problème	⟷	Personne
Précise	⟷	Générale
Changement	⟷	Blâme
Relation	⟷	Soi

Figure 4. Comparaison entre confronter et critiquer

Le problème et non la personne

Quand il confronte, le leader se concentre sur un problème de performance précis. Il identifie une amélioration concrète souhaitée. Il décrit une attente que son collaborateur peut comprendre. Il confronte de façon objective.

Quelques exemples de confrontation positive :
- «Ton budget devait être remis hier. Quand sera-t-il prêt?»
- «Dire à la directrice générale, à la réunion ce matin, qu'elle était mal informée, c'était vraiment la contrarier et ça n'a pas aidé notre cause. J'aimerais trouver avec toi une stratégie qui protégerait ton intégrité sans provoquer l'hostilité de la haute direction.»

La critique, au contraire, se concentre sur la personnalité du collaborateur, ses attitudes et ses qualités. En voici des exemples :
- «De toute évidence, ton travail ne t'inspire plus de fierté.»
- «Où est passée ta motivation? On dirait que tu as pris ta retraite.»

Une confrontation précise et non générale

Quand il confronte, le leader identifie précisément une action à prendre ou un changement à opérer. Même quand le problème est fréquent, la confrontation commence par le cas le plus récent de performance indésirable. En voici des exemples :

- «Ta carte de poinçonnage montre que tu as été en retard quatre jours sur les six derniers. Je m'attends à ce que tu sois ici à huit heures.»
- «Je n'ai pas reçu ton horaire révisé pour le déménagement. J'en ai besoin demain au plus tard pour que je puisse coordonner tout le déménagement du service.»

Souvent, la critique est générale. Elle grossit une erreur avec des mots comme «toujours», «jamais», «habituellement» et «constamment». Voici quelques exemples de critique :

- «Tu n'essaies jamais de faire un effort supplémentaire. Tu places toujours tes intérêts avant ceux de l'équipe.»
- «Tu persistes à ne pas faire comme il faut. J'ai beau te le répéter, tu continues de faire à ta tête.»

Le changement et non le blâme

Quand le leader confronte, il vise à susciter une amélioration. Le leader qui sait comment confronter se concentre uniquement sur le changement de performance désiré. Les excuses ou la culpabilité lui importent peu. Il veut non pas que son collaborateur se sente faible ou pessimiste mais que celui-ci décide de s'améliorer et croit qu'il *peut* s'améliorer. Par conséquent, quand il confronte, il se concentre toujours sur ce qu'on peut changer : l'avenir.

Par opposition, le leader qui critique jette un blâme et cherche à ce que son collaborateur se sente coupable de sa faute. En critiquant, on se concentre sur ce qu'on ne peut pas changer : le passé.

- «Tu as fait montre d'un manque d'égard en arrivant en retard à notre réunion de ce matin. Cela nous a mis dans un grand embarras, tes collègues et moi. Comment as-tu pu faire une telle chose?» (critiquer)

- «Tu étais en retard à notre réunion ce matin. Je ne peux pas terminer le procédé sans toi. J'aimerais savoir comment nous pouvons empêcher que cela se produise de nouveau.» (confronter)

- «Pourquoi as-tu laissé la machine allumée hier soir? Qu'est-ce que tu as à faire de si important que ça t'empêche de l'éteindre?» (critiquer)

- «J'ai remarqué que la machine était encore allumée ce matin quand je suis arrivé. Le registre indique que tu es parti le dernier. J'aimerais trouver un moyen de m'assurer que la machine est éteinte tous les soirs.» (confronter)

La relation et non soi

Le but du coaching est d'améliorer la performance, d'accroître l'engagement et d'entretenir une relation de travail positive. Ce dernier élément constitue l'un des principaux objectifs de la confrontation. La confrontation est la compétence de coaching qui comporte le plus grand risque pour cette relation. La critique a un objectif différent, car elle est centrée uniquement sur les besoins de la personne qui l'exprime. La critique est souvent teintée de colère, essentiellement pour permettre à celui qui critique de se défouler.

Façons de faire qui aggravent la situation

Confronter n'est pas facile. Toutes les conversations de coaching, mais surtout la confrontation, exigent que le leader structure son intervention et utilise le procédé avec compétence. Cependant, on peut rendre la confrontation d'un problème de performance inutilement difficile. Voici quelques-unes des façons d'aggraver cette situation.

1. Éviter de faire face aux problèmes aussi longtemps que possible : ainsi, quand finalement on les aborde, c'est une stratégie de dernier recours.
2. Éviter d'établir des normes de performance claires qui permettent aux collaborateurs de gérer leur propre performance.
3. Éviter de donner un feedback suffisant et au bon moment pour permettre à ses collaborateurs d'adapter leur performance aux attentes du leader.
4. Éviter d'exprimer une appréciation suffisante et non mitigée d'un accomplissement positif.

Ne pas aborder les problèmes

Affronter les problèmes de performance est une expérience que bien des leaders aimeraient éviter.

Le directeur d'une banque m'a un jour demandé d'organiser une formation en relations interpersonnelles et en communication à l'intention de ses cadres supérieurs. Lors de notre rencontre, il m'a confié qu'il prévoyait prendre sa retraite dans deux ans et que le conseil et lui avaient décidé que Gérard prendrait sa place. Gérard était extrêmement compétent, probablement le meilleur directeur des prêts que la banque ait jamais eu et il connaissait les opérations de la banque de fond en comble. Cependant, un grand nombre des clients de la banque étaient irrités par l'attitude de Gérard. De temps à autre, quelqu'un se plaignait de son manque d'égards. Pour ne pas blesser Gérard ou faire voir qu'il était la seule personne qui avait besoin de cette formation, ce directeur de banque était prêt à donner une formation à tous les cadres supérieurs!

Les dirigeants se rendent rarement jusqu'à une telle extrémité pour éviter de confronter, mais trop souvent ils évitent la confrontation au bon moment. Ils l'évitent parce qu'elle provoque des émotions négatives et ils croient que les émotions négatives menacent leurs relations de travail avec leurs collaborateurs.

Les gens se sentent habituellement attaqués lorsqu'on les confronte. Les réactions les plus typiques à une attaque verbale sont : 1° la passivité et le retrait; 2° les excuses et la justification; et 3° l'offensive et la riposte. Les réactions habituelles des collaborateurs sont de pleurer (passivité); de rester assis là, l'air boudeur ou déprimé (passivité); de faire valoir leurs efforts au travail et l'impossibilité de la tâche (excuses); et d'accuser leur leader d'injustice ou d'intentions malveillantes (offensive). Ces trois comportements représentent la défense ou la résistance. C'est la démonstration de résistance qui rend souvent les leaders mal à l'aise. Plus il y a d'émotion étalée dans la résistance, plus les leaders se sentent mal à l'aise.

À court terme, les réactions émotives négatives sont les résultats indésirables de la confrontation que les leaders désirent éviter. Mais les leaders veulent également éviter les émotions négatives, car ils croient qu'à long terme elles peuvent détériorer leurs relations avec leurs collaborateurs.

Ne pas aborder les problèmes ne fait qu'ajouter une difficulté au procédé de confrontation. Il provoque des délais qui rendent les problèmes de performance encore plus complexes et plus difficiles à gérer. En outre, s'ils ne confrontent pas à temps une mauvaise performance, les leaders peuvent laisser le problème d'un collaborateur devenir un problème organisationnel qui en affecte plusieurs autres.

Il est évident que, si les leaders pouvaient apprendre à confronter de façon à réduire au minimum les réactions émotives négatives, ils seraient plus ouverts à l'idée d'utiliser la confrontation comme stratégie de coaching. Le deuxième procédé de coaching, l'amélioration de la performance, limite ces réactions.

Ne pas établir de normes de performance

Il peut être difficile de réussir une confrontation si le leader n'a pas clarifié les normes de performance avec ses collaborateurs. Pour être gérée directement, la performance doit toujours être évaluée par rapport à une norme. Bien entendu, il y a des cas où une norme exacte et objective est probablement inadéquate : dans ces cas, la gestion directe de la performance a peu de pertinence (par exemple, dans les laboratoires de recherche et dans les arts de création). Mais dans la plupart des cas le leader peut et doit établir des normes de performance. Sans ces normes, la confrontation peut devenir à la fois absurde et arbitraire.

Nombre de leaders seraient fort surpris d'apprendre à quel point leurs collaborateurs ressentent de l'ambiguïté ou de la confusion à propos de leur tâche. Dire à son collaborateur d'être «plus professionnel», «plus proactif», «plus amical», et ainsi de suite, ne lui dit pas comment changer, quoi faire, ni comment sa performance sera mesurée. S'il interprète de vagues consignes d'une façon différente de celle du leader puis reçoit une réprimande, il se sentira peut-être mal guidé et invoquera même le sabotage. En outre, il ne fera pas ce que son leader lui demande de faire.

Ne pas donner de feedback

Une troisième façon d'aggraver la situation provient d'un manque de feedback. Le feedback est le procédé par lequel le leader «boucle la boucle» entre les attentes et la performance. Il consiste à la fois à demander et à donner de l'information. En demandant de l'information, le leader reçoit de son collaborateur un point de vue sur la valeur et la qualité de ce qu'il fait. En donnant de l'information, le leader donne à son collaborateur son point de vue sur sa performance.

Un feedback approprié est *donné au bon moment.* Quand le leader et son collaborateur disent des choses comme «J'aurais aimé le savoir», «Pourquoi ne me l'as-tu pas dit?», «J'en suis fort surpris!», et «Quand avons-nous commencé à ralentir?», c'est que le feedback n'a pas été donné au bon moment. Quand ils disent «Mais je croyais que tu m'avais dit plus tôt que...», «Ce que tu me dis aujourd'hui est tout à fait différent de ce que tu disais hier!», ou «Quand avons-nous changé de plan?», le feedback n'a pas été suffisant.

Grâce au feedback, on donne à ses collaborateurs l'occasion de faire ce qu'ils veulent faire : jouer un rôle actif dans la gestion de leur propre performance et s'assurer que leur performance satisfait les attentes de leur leader. Par le feedback, on donne à ses collaborateurs une indication leur permettant d'adapter leur performance. Quand le feedback est donné au bon moment et est suffisant, la confrontation ne sera peut-être pas nécessaire. Quand le feedback n'est pas donné à temps ou qu'il est insuffisant, la compétence de confronter devient plus difficile à mettre en pratique.

Ne pas exprimer une appréciation suffisante

Une dernière façon de rendre la confrontation inutilement difficile consiste à ne pas démontrer suffisamment d'appréciation à ses collaborateurs pour leur travail. Si un collaborateur se sent mal apprécié lorsqu'on commence un entretien de coaching sur sa performance, il est déjà préparé à répondre de façon négative et défensive à la discussion. Il est beaucoup plus facile pour un collaborateur d'être réceptif, lorsqu'on le confronte à propos de sa performance, s'il a déjà le sentiment que son leader connaît et apprécie ce qu'il fait. Pour créer un climat favorable, il est essentiel d'exprimer de l'appréciation pour une tâche bien faite au moment même où elle se produit et sans inclure de «mais» ou d'information négative. Il est difficile de recevoir des fleurs quand on s'attend à voir arriver le pot!

Le coaching réussi, bien entendu, se situe dans l'ensemble des pratiques du leader. La réussite du coaching sera proportionnelle à la qualité générale des pratiques de leadership. C'est particulièrement vrai de la confrontation. Le leader a bien plus de chances d'atteindre des résultats positifs au moment d'une confrontation s'il évite de critiquer ses collaborateurs, pratique la confrontation à temps, établit des normes de performance claires, fournit un feedback suffisant et au bon moment, et exprime une appréciation sans réserve à ses collaborateurs. À partir de cette base, la confrontation permet de créer et d'utiliser le deuxième procédé de coaching, l'amélioration de la performance.

Le deuxième procédé de coaching : similitudes et différences entre les deux procédés en coaching

Similitudes

En comparant le premier procédé, la résolution de problèmes (voir figure 3), avec le deuxième procédé, l'amélioration de la performance (voir figure 5), on remarque qu'ils se ressemblent de bien des façons. Les deux comportent trois étapes interdépendantes. Dans un procédé comme dans l'autre, la deuxième étape est surtout consacrée à rassembler de l'information. Les deux procédés reposent fondamentalement sur les mêmes techniques, surtout celles qui visent à rassembler de l'information : accueillir, accuser réception, explorer, refléter et résumer.

Différences

C'est surtout à la première étape que les deux procédés diffèrent. Dans le premier procédé, la conversation peut être engagée par le leader ou le collaborateur, tandis que dans le deuxième procédé la conversation est toujours engagée par le leader. C'est le leader qui perçoit le besoin d'un changement de performance. Aussi, parce que la première étape du deuxième procédé débute par une affirmation de confrontation, ce procédé engendre habituellement chez le collaborateur une réaction plus forte que le premier procédé.

Figure 5
Le 2e procédé :
L'amélioration de la performance : confronter

1re étape : Présenter le problème	
Objectifs	**Techniques**
Limiter la résistance et les émotions négatives	*Préciser :* énoncer clairement le problème de performance perçu.
Délimiter le problème de performance	*Cerner le problème :* limiter l'énoncé à un seul problème.
Établir une vision de changement	*Orienter vers l'avenir :* exprimer un désir de changement, ne pas demander les raisons de l'échec.
2e étape **Utiliser la réaction pour rassembler l'information**	
Désamorcer la résistance	*Permuter :* se concentrer sur les préoccupations du collaborateur, et non sur les siennes propres.
Rassembler de l'information	*Rassembler de l'information :* accueillir, accuser réception, explorer, refléter, résumer.
S'entendre sur le problème et ses causes	*Confirmer :* fermer la boucle; parvenir à un accord sur le problème et ses causes.
3e étape : Résoudre	
Reconnaître le problème	*Réviser :* repasser les points principaux de l'entretien pour renforcer une compréhension et une responsabilité communes.
Assurer un suivi	
Entretenir une relation positive	*Planifier :* élaborer des stratégies et s'entendre sur un suivi.
Prendre des engagements	*Apprécier :* commenter les capacités et le potentiel du collaborateur.

Une autre différence provient surtout de l'accent qu'on met sur un point plutôt qu'un autre. Toutes les conversations de coaching réussies doivent amener le collaborateur à reconnaître l'existence du problème et à assumer la responsabilité de prendre les actions ou les stratégies nécessaires pour le corriger. La troisième étape du deuxième procédé désigne la reconnaissance du problème comme un objectif précis, parce que la confrontation débute par un problème qui a été déterminé par le *leader*. Au début de la confrontation, le problème est reconnu par le leader, *et non par le collaborateur*. L'un des buts de la confrontation est d'en transférer la responsabilité appropriée du leader au collaborateur — ou du moins de développer un sentiment de partage de la responsabilité.

Première étape : présenter le problème

Objectifs de la première étape
La première étape ne comprend que l'affirmation initiale du leader à propos du problème de performance et ses attentes d'une amélioration. Les objectifs de la première étape sont les suivants :
- limiter la résistance et les émotions négatives;
- délimiter le problème de performance;
- établir une vision de changement.

Limiter la résistance et les émotions négatives

Les leaders qui confrontent leurs collaborateurs à propos de leur performance ne visent pas à provoquer chez ces derniers la colère, le malaise ou le découragement. En fait, les leaders ne confrontent pas leurs collaborateurs aussi souvent qu'ils le devraient étant donné que l'expression de ces émotions les rend mal à l'aise. L'un des objectifs de la confrontation est de minimiser la réaction émotive du collaborateur.

Délimiter le problème de performance

Un second objectif de la première étape est de délimiter le problème de performance dont le leader veut discuter. Cet objectif permet de limiter les réactions négatives. Plus la confrontation est indéfinie — ou plus elle inclut de questions distinctes —, plus les réactions du collaborateur seront intenses.

Bien entendu, on ne peut pas prédire le contenu définitif d'une conversation de coaching. Le leader peut, au début, percevoir le problème de telle façon et, après avoir rassemblé plus d'information, découvrir qu'il est d'un tout autre ordre. Toutefois, quel que soit le problème véritable, il est plus efficace pour le leader de commencer par délimiter le plus clairement possible un problème précis.

Un leader éprouve peut-être de la difficulté à délimiter un problème de performance 1° si le problème dure depuis si longtemps qu'il s'est multiplié ou a touché d'autres domaines, ou 2° si le leader ne peut décrire clairement le problème parce que des normes de performance n'ont pas été établies pour la tâche de son collaborateur. Nous avons déjà traité des nombreux problèmes que provoquent l'évitement des problèmes et l'absence de normes de performance. Ils peuvent avoir une autre conséquence : inciter le leader à tenter d'aborder plusieurs problèmes de performance durant la même séance de coaching. Non seulement cela provoque de la confusion et des réactions négatives de la part du collaborateur, mais c'est généralement futile en termes de résolution de problème dans le temps disponible pour un entretien de coaching. Afin d'arriver à une résolution claire, on doit résumer le sujet de la confrontation et l'adapter au temps dont on dispose.

Établir une vision de changement

Toutes les conversations de coaching réussies sont orientées vers un changement et vers l'avenir. Cette orientation devient une vision explicite à la première étape du deuxième procédé de coaching. La réussite d'une conversation de coaching dépend de la compétence du leader à communiquer dès le départ à son collaborateur qu'il veut corriger des problèmes précis, et non attaquer son collaborateur ou ressortir de vieilles erreurs.

Établir une vision de changement aide à limiter les réactions négatives. Il est beaucoup moins menaçant pour un collaborateur de parler de ce qui peut être changé (c'est-à-dire l'avenir) que de parler de ce qui ne peut l'être (le passé). Bien entendu, le leader peut souhaiter connaître les raisons d'un problème. Mais l'objectif immédiat de la première étape est de définir avec précision le problème que perçoit le leader et la manière dont on peut le corriger, et non la raison pour laquelle quelque chose a mal tourné.

Techniques de la première étape

Trois techniques sont importantes pour atteindre les objectifs de la première étape. Ces techniques sont : 1° préciser, 2° cerner le problème et 3° guider vers l'avenir.

Préciser

Cette technique consiste à énoncer précisément les normes («Voici ce que j'attends de toi») et la façon dont la performance du collaborateur diffère de la norme («Voici comment je perçois ta performance»). En règle générale, si le leader ne peut décrire exactement ce qu'il veut, il ne lui sert à rien de confronter son collaborateur à ce propos.

Voici quelques exemples de présentations précises de problèmes de performance.

- «Je m'attends à ce que tous les membres de l'équipe soient présents aux séances de formation. Je ne t'ai pas vu aux deux dernières séances.»
- «À moins d'une urgence, notre règle est que les demandes de déplacement doivent être soumises au moins 48 heures avant le voyage. J'ai ici trois notes de service de la comptabilité disant que tu as effectué des voyages sans autorisation préalable.»

Cerner le problème

La confrontation ou la présentation doit se limiter à un seul problème. Même s'il y a plusieurs exemples de performance médiocre, la confrontation doit commencer par l'exemple le plus récent. Le leader ne doit pas «accumuler» les problèmes ou les exemples pour ensuite en mitrailler son collaborateur (par exemple : «J'ai reçu plusieurs plaintes sur tes manières d'agir au téléphone, et je découvre parfois que les téléphones du bureau sont laissés sans surveillance, et même lorsque tu es ici je ne peux pas toujours te parler parce que tu es au téléphone en conversation personnelle.»).

Un leader qui est mal à l'aise à l'idée de présenter un problème majeur a tendance à commencer par une question moins menaçante, en espérant faire dévier la conversation sur le problème important. Cela confond le collaborateur, fait perdre un temps précieux et compromet la résolution du problème important. S'il y a plus d'un sujet, le leader doit définir le problème le plus important et le résoudre avant de passer au second problème — s'il reste du temps pour s'occuper de ce dernier. Si l'on n'a pas le temps, il vaut mieux le garder pour une autre séance. L'exemple du problème donné ci-dessus pourrait se corriger comme suit : «Ma patronne s'est plainte à moi ce matin de la façon dont tu lui as répondu au téléphone. Elle a dit qu'elle voulait me trouver et tu lui as seulement dit que tu n'avais aucune idée de l'endroit où je me trouvais et tu as raccroché.» On remarque que le leader décrit l'exemple le plus récent du problème de performance et se limite à un seul comportement précis.

Le leader peut limiter la confusion, la résistance et les émotions négatives chez son collaborateur, et augmenter l'efficacité générale de sa séance de coaching s'il s'entend rapidement avec lui sur un point de départ concret.

Orienter vers l'avenir

Cette technique consiste à inclure une phrase sur le changement souhaité dans la présentation ou la confrontation initiale. Comparons les exemples suivants.

- «J'ai besoin que tous les membres du projet soient présents et ponctuels à notre réunion hebdomadaire. Pourquoi as-tu manqué deux des trois dernières réunions?» (orienter vers le passé)
- «J'ai besoin que tous les membres du projet soient présents et ponctuels à notre réunion hebdomadaire. J'aimerais savoir ce que tu peux faire pour être certain d'arriver à l'heure.» (orienter vers le futur)
- «Tu as dépassé de deux jours notre dernière échéance de soumission de budget. Qu'est-ce qui ne va pas?» (orienter vers le passé)
- «Tu as dépassé de deux jours notre dernière échéance de soumission de budget. Qu'est-ce que tu peux faire pour t'assurer de la remettre à temps à l'avenir?» (orienter vers le futur)

Préciser, cerner le problème et orienter vers l'avenir, voilà trois techniques qui diminuent souvent le temps requis pour discuter d'un problème. Si le leader lui présente une définition claire du problème et énonce de façon explicite le désir de le résoudre, le collaborateur reconnaît souvent la légitimité de la présentation du leader et indique ce qu'il entend faire à ce propos. La conversation de confrontation passe directement de la première à la troisième étape, comme l'illustre l'exemple suivant.

Leader :   Le taux d'erreur sur ta machine dépassait les limites hier. Qu'est-ce que tu fais pour le ramener à la norme?

Collaborateur : J'ai trouvé un problème de calibration à la source de la baisse de production. J'acceptais des pièces qui dépassaient les limites, mais j'ai réglé le problème et tout est redevenu normal.

Leader :   Bien, merci. Préviens-moi si le problème se reproduit. Nous devrons peut-être à nouveau faire pression sur le fournisseur.

Combiner les techniques

La première étape ne traite que de la présentation ou de la confrontation initiale du deuxième procédé. Voici des exemples complets d'affirmations de la première étape qui utilisent ces trois techniques.

- «Je dois être informé dès que possible lorsque tu t'attends à dépasser les échéances de ton projet. À la dernière réunion, tu m'as vraiment surpris en annonçant que le dernier lot du fournisseur était inférieur aux normes et que tu devrais retarder le projet d'au moins deux semaines. À l'avenir, peux-tu faire en sorte que je reçoive ce genre de nouvelle sans délai?»

- «J'espère que nous comprenons tous et que nous travaillons tous à rendre à nos clients le meilleur service possible — sans exception. Cette norme implique que nous acceptions d'être dérangés lorsque c'est nécessaire. Ce matin, la Fiducie générale m'a appelé en disant que leurs employés avaient communiqué avec toi à propos d'une panne de leur système d'interface de prêts et que tu leur avais dit que nous ne pouvions rien faire pour eux avant lundi. Il faut absolument que ce système fonctionne lundi matin. Que pouvons-nous faire?»

- «Transport Continental affirme que tu n'as pas effectué le travail d'enlèvement de l'amiante. Son représentant dit que tu as négligé de décoller l'amiante des tuyaux dans la salle de la génératrice. Parlons d'abord de la façon dont nous pourrions régler le problème de Continental et ensuite de ce que nous pouvons faire pour empêcher ce genre de chose de se reproduire à l'avenir.»

Deuxième étape : utiliser la réaction pour rassembler de l'information

La partie la plus difficile du deuxième procédé reste à la deuxième étape. Cette étape exige plus de structure que tout autre élément du coaching.

Quand on confronte ses collaborateurs, ils réagissent. Leurs réactions les plus typiques sont d'apporter des excuses, de justifier leur performance, de prendre l'offensive, de nier l'existence des problèmes ou de devenir passifs ou dociles. En général (à moins d'avoir été formés à faire autrement), les leaders contestent ces réactions et intensifient les problèmes plutôt que de les résoudre.

Par exemple, si son collaborateur apporte des excuses ou des raisons pour justifier le problème, le leader typique va :

- rejeter ou réfuter les excuses ou les raisons de son collaborateur;
- répondre aux excuses ou aux raisons de son collaborateur en réaffirmant la confrontation;
- renforcer la confrontation en citant une consigne ou en présentant un argument quelconque.

Si son collaborateur prend l'offensive et se met à attaquer, le leader va :

- réagir au comportement agressif de son collaborateur en devenant agressif lui aussi;
- battre en retraite : se retirer de la confrontation.

Si son collaborateur nie l'existence du problème, le leader va :

- reprocher à son collaborateur de ne pas admettre le problème et créer une altercation;
- ignorer que le collaborateur n'a pas reconnu le problème et continuer sans résultat à résoudre un problème qui n'a pas été accepté;
- cesser d'essayer de résoudre le problème et communiquer qu'il «laisse tomber» aussi son collaborateur.

Si son collaborateur devient passif ou docile, le leader va :

- négliger d'explorer pleinement les véritables perceptions de son collaborateur quant au problème, ou ne pas parvenir à obtenir le plein engagement de son collaborateur pour le résoudre;
- critiquer son collaborateur pour ne pas avoir reconnu et réglé le problème avant que le leader ne l'ait porté à son attention.

Le leader a grandement besoin de structure pour utiliser ce que son collaborateur fait ou dit afin de rassembler de l'information sur le problème et pour aider son collaborateur à explorer sa perception du problème. La règle de base dans la confrontation, c'est : *ne pas combattre les réac-tions de son collaborateur; régler le problème de performance.*

Objectifs de la deuxième étape

Les objectifs de la deuxième étape sont de désamorcer la résistance, de rassembler de l'information et de s'entendre sur le problème et ses causes.

Désamorcer la résistance

Chaque fois qu'un leader confronte un de ses collaborateurs, il introduit une possibilité de changement. Chaque fois qu'il introduit le changement, il présente une possibilité de résistance. L'amélioration de la performance exige que le leader accepte la responsabilité de gérer la résistance qu'il a créée. L'une des étapes majeures dans la gestion de la résistance est de dissiper les émotions négatives associées à la résistance. En encourageant son collaborateur à explorer ses opinions, ses sentiments, ses raisons et ses excuses, le leader peut l'aider à transformer ses sentiments négatifs en comportement verbal.

Rassembler de l'information

Un autre objectif de la deuxième étape est de rassembler toute l'information nécessaire pour que le leader et son collaborateur puissent parvenir à une compréhension commune du problème et de sa cause. Un leader commence un entretien de confrontation en exprimant un point de vue, une opinion sur un problème de performance. Il est toujours possible que la perception du leader soit inexacte. En encourageant et en stimulant son collaborateur à explorer le problème et ses causes — du point de vue du collaborateur — le leader peut en découvrir davantage à propos du vrai problème.

S'entendre sur le problème et ses causes

L'objectif ultime de la deuxième étape dépend de l'atteinte des deux premiers objectifs. Atteindre ce dernier objectif peut exiger plusieurs reprises des première et deuxième étapes.

Pour la clarté du propos, les procédés de coaching sont décrits, dans ce livre, comme des procédés linéaires. Dans la pratique, on doit les reprendre et les réitérer. Dans le cas de la confrontation, c'est souvent en reprenant des étapes et en réitérant l'usage des techniques qu'on réussit le procédé. Par exemple :

- *Première étape :* Le leader confronte le collaborateur avec sa propre perception du problème de performance.

- *Deuxième étape :* Le collaborateur réagit à la confrontation — habituellement en donnant des raisons du problème. Le leader permute (se place du point de vue de son collaborateur) et utilise la réaction de son collaborateur à la confrontation pour rassembler de l'information et en arriver à une compréhension commune du problème. À cette étape, il peut se produire deux choses : 1° on ne rassemble aucune information nouvelle et le problème de performance demeure tel que le leader l'a initialement perçu; ou 2° on rassemble de l'information nouvelle et le leader modifie sa perception du problème de performance.

- *Retour à la première étape :* Si l'on ne rassemble aucune information nouvelle, le leader revient à la première étape et reprend la confrontation initiale. S'il rassemble de l'information nouvelle, le leader revient à la première étape mais modifie la confrontation pour l'adapter à sa nouvelle perception du problème.

- *Retour à la deuxième étape et réitérations suivantes.* On reprend alors la deuxième étape. Le leader reprend les première et deuxième étapes aussi longtemps que l'énoncé du problème continue d'être modifié et jusqu'à ce que le problème le plus important soit défini correctement.

Techniques de la deuxième étape

Les techniques de la deuxième étape sont : permuter, rassembler l'information et confirmer.

Permuter

La principale technique (et la plus difficile) de la deuxième étape est la capacité de laisser momentanément de côté son propre point de vue et de se centrer précisément sur la réaction de son collaborateur, quelle qu'elle soit. Cela exige du leader qu'il s'occupe pleinement de son collaborateur avec un objectif en tête : utiliser la réaction de son collaborateur comme partie intégrante de la conversation.

Un leader peut être mal à l'aise à l'idée de laisser de côté son point de vue, même temporairement. Il peut croire que parler de ce dont son collaborateur veut parler, c'est «sortir du sujet» ou «une perte de temps». Mais ce n'est que lorsqu'on répond directement à ce que dit et fait son collaborateur en réponse à la confrontation, que le deuxième procédé se crée et que la confrontation peut devenir une conversation de résolution de problème.

Le leader peut rediriger la conversation à tout moment pour revenir à son problème original. Mais s'il n'a pas l'attitude et la technique nécessaires pour permuter et se concentrer sur le point de vue de l'autre, il ne pourra jamais progresser et franchir la deuxième étape du procédé.

Rassembler de l'information

Pour rassembler de l'information, il est essentiel de permuter et de se concentrer sur le point de vue de son collaborateur. En fait, le leader rassemble l'information avec son collaborateur en utilisant les diverses techniques décrites dans le premier procédé. Alors les techniques suivantes sont d'une valeur particulière :

- Accueillir
- Accuser réception
- Explorer
- Refléter
- Manifester du respect

On a intérêt à revoir ces techniques avant de continuer la lecture de ce chapitre.

Dans les exemples ci-dessous, on voit la différence entre les techniques qui consistent à permuter et à rassembler de l'information et le comportement qui consiste à contester la réaction du collaborateur.

Premier exemple

Confrontation du leader : «J'ai essayé d'appeler à mon bureau trois fois ce matin à partir de la station de filtration, et personne n'a répondu. J'aimerais que tu trouves une façon de t'assurer que quelqu'un peut à tout moment prendre mes appels. À ton avis, quelle est la meilleure solution?»

Réaction du collaborateur : «Je ne peux pas tout faire. Je dois parfois quitter mon bureau et il n'y a pas toujours quelqu'un d'autre autour pour répondre aux appels à ma place.»

Ne pas permuter : «Je suis sûr qu'il y a des tas d'excuses pour ne pas s'occuper de mes appels, mais j'insiste pour que quelqu'un le fasse.»

Permuter : «Nous pourrions commencer par les problèmes que tu as mentionnés, puis tu pourrais en énumérer d'autres qui te viennent à l'esprit; ensuite, nous verrons ce que nous pourrons faire.» (explorer — question ouverte)

Deuxième exemple

Confrontation du leader : «Je n'ai pas encore reçu ta soumission de budget. Je croyais que nous avions fixé hier comme échéance. Il faut que je reçoive ton premier jet avant mercredi. Quand puis-je m'attendre à le recevoir?»

Réaction du collaborateur : «Je suis vraiment désolé : j'ai dû m'occuper de tellement de crises cette semaine. J'imagine que je devrai laisser tomber tout le reste et m'atteler au budget.»

Ne pas permuter : «Le fait que tu sois désolé, ça ne m'aide pas beaucoup à l'heure actuelle. Tu m'as vraiment mis dans l'embarras avec ton retard.»

Permuter : «Alors, il est arrivé des choses qui sont devenues pour toi des priorités plus élevées que le budget.» (refléter)

Confirmer

Dans la description du premier procédé, confirmer a été défini comme «une technique de feedback» qui permet au leader de confirmer de différentes façons que certains résultats ont été atteints. Comme on l'utilise dans le deuxième procédé, la confirmation inclut tous les comportements de communication que le leader emploie pour s'assurer que le problème de performance et ses causes ont été déterminés avec précision. En voici quelques exemples :

- «Il semble que le problème majeur que tu as à t'assurer que quelqu'un peut répondre à mes appels, c'est que, pour les autres secrétaires, le fait de répondre au téléphone pour un autre ne fait pas partie de leurs tâches. Est-ce que c'est ainsi que tu vois les choses?»

- «Alors, la raison pour laquelle tu as laissé tomber la soumission de budget, c'est que tu croyais que c'était moins important que de régler la crise engendrée par le programme de retraite anticipée. Est-ce une description exacte du problème?»

- «D'après ce que tu me dis, j'ai une bonne idée de la façon dont nous avons eu des problèmes avec le projet. Et si tu résumais ce que tu considères maintenant comme les questions principales?»

Troisième étape : résoudre

Objectifs de la troisième étape

Les objectifs fondamentaux de toute conversation de coaching consistent à obtenir de son collaborateur un engagement à fournir un niveau plus élevé de performance, tout en entretenant des relations de travail positives entre leader et collaborateur. Comme c'est le cas dans le premier procédé de coaching, c'est en franchissant judicieusement chacune des étapes du deuxième procédé qu'on atteint ces objectifs. Le ton et la qualité de toute la conversation aide à les atteindre ou empêche de les atteindre. Les objectifs particuliers de la deuxième étape se rapportent à la résolution du problème. Ce sont 1° reconnaître le problème, 2° assurer un suivi, 3° entretenir une relation positive et 4° prendre des engagements.

Reconnaître le problème

La reconnaissance du problème décrit l'expression de la volonté du collaborateur d'assumer sa part de responsabilité dans la *correction* du problème (et non sa culpabilité face à l'existence du problème). Les collaborateurs peuvent dire, *explicitement* ou non, qu'ils assument la responsabilité des problèmes. Ils peuvent dire des choses comme :

- «Oui, je comprends que j'étais censé produire le rapport hier. Je vais te le donner demain.»
- «Je me rends compte que j'aurais dû vérifier ces priorités en te consultant au lieu de supposer lesquelles étaient les plus importantes.»

La façon dont les collaborateurs indiquent qu'ils acceptent la responsabilité des problèmes n'est pas aussi importante que le fait qu'ils indiquent qu'ils acceptent la responsabilité de *corriger* le problème. Dans les deux exemples précédents, si le collaborateur se contente d'affirmer «Je vais te le donner demain», il reconnaît le problème en affirmant son intention de le résoudre. Dans le second exemple, si le collaborateur se contente de dire : «À l'avenir, je vais vérifier les priorités avec toi avant de commencer à travailler», il reconnaît le problème en affirmant comment il l'empêchera de se reproduire.

Un principe fondamental de gestion de la performance est que le leader devrait, autant que possible, faire en sorte que ses collaborateurs s'améliorent. Il est souvent plus facile pour les collaborateurs d'accepter la responsabilité de corriger les problèmes de performance que d'admettre qu'ils ont fait des erreurs ou ont échoué d'une façon ou d'une autre. En confrontant ses collaborateurs pour des problèmes de performance, il est essentiel de constater que le collaborateur a reconnu sa responsabilité en indiquant clairement qu'il va changer le comportement qui engendre le problème — même s'il ne dit jamais de façon explicite qu'il est responsable du problème au départ.

Assurer un suivi

Les meilleures séances de coaching sur la performance incluent une discussion des façons d'«assurer un suivi». On élabore alors des stratégies précises pour résoudre le problème : le leader et son collaborateur s'entendent sur la procédure que suivra le collaborateur pour tenir le leader informé des progrès du collaborateur. Il devrait y avoir un plan d'action précis que le collaborateur entreprendra en-suite pour résoudre chaque problème de performance.

Entretenir une relation positive

Les relations positives se développent, s'entretiennent et se consolident lorsque le leader emploie les attitudes et les techniques fondamentales du coaching réussi : manifester du respect, faire en sorte que la conversation soit interactive, se centrer sur le problème et s'orienter vers l'avenir.

Prendre des engagements

L'engagement se développe au cours de la conversation, à mesure que le leader clarifie les buts et les valeurs de l'entreprise, développe les compétences de ses collaborateurs, étend l'influence des collaborateurs et leur exprime son appréciation pour leurs réalisations.

Techniques reliées à la troisième étape

Les trois techniques expliquées plus tôt à la troisième étape du premier procédé sont les mêmes qui sont importantes pour réussir la troisième étape du deuxième procédé : réviser, planifier et apprécier.

Réviser

En concluant une séance de confrontation, le leader doit s'assurer que son collaborateur et lui comprennent de la même façon tous les aspects importants de la conversation. Pour ce faire, il faut se réserver du temps pour revoir soigneusement l'énoncé des sujets traités au cours de la conversation. La révision doit comprendre, notamment, un résumé des sujets traités et des malentendus résolus, et une vérification finale pour s'assurer qu'on a défini le problème et ses causes principales avec justesse. Voici quelques exemples de révision.

- «J'ai engagé cette conversation en te demandant l'évaluation technique que notre client a requis. Nous nous sommes entendus pour que tu lui accordes un traitement prioritaire. Il semble que nous nous soyons mal compris à ce propos : tu as accordé du temps à d'autres projets tout en travaillant à l'évaluation. Tu as également indiqué que tu as fait face à des problèmes avec le groupe d'analyse des données et que tu n'as pas obtenu la réponse de ce groupe à temps. Mais je crois que tu comprends maintenant à quel point il est important de terminer cette évaluation. Nous devons à présent trouver un moyen de la terminer aussi rapidement que possible.»

- «J'imagine que nous avons engagé cette conversation de façon un peu abrupte. J'avais mon point de vue et tu avais le tien. Il me semble maintenant que nous nous sommes entendus sur une question fondamentale : le contrat ne te permet pas de dire quoi faire à l'entrepreneur. J'avais l'impression que tu ne donnais pas beaucoup d'indications à l'entrepreneur et toi, tu croyais t'en tenir aux termes du contrat. Alors, ce que nous devons changer, c'est le contrat. Mais entre-temps, nous devons en arriver à une solution temporaire.»

En révisant, on prépare l'étape suivante de la conversation : planifier la résolution du problème.

Planifier

La planification se déroule en deux parties : on établit d'abord des stratégies pour résoudre le problème de performance et ensuite un suivi structuré pour tenir le leader informé des progrès. Quelquefois, le leader fait un travail très crédible de confrontation, mais en perd le bénéfice en n'accordant pas suffisamment d'attention à la planification. Planifier permet de traduire la conversation de coaching en étapes d'action. Planifier ne veut toutefois pas dire que le collaborateur se contente d'affirmer qu'il corrigera le problème. Les intentions de corriger un problème et les résolutions de faire des efforts supplémentaires ont une valeur fonctionnelle limitée.

Pour régler le problème, le leader doit toujours établir avec son collaborateur un plan d'action précis et un calendrier de suivi de ces actions, afin d'être informé du progrès de la situation. Le collaborateur doit prendre la responsabilité fondamentale d'appliquer le plan d'action. Voici quelques exemples d'énoncés de planification.

- «Fais-moi part de tes idées sur ce que nous pouvons faire pour augmenter ton engagement auprès de l'entrepreneur. J'ai un certain nombre de suggestions, mais j'aimerais que tu me donnes d'abord tes idées.»
- «Nous avons établi ensemble le plan suivant : premièrement, tu révises avec moi le processus d'éva-

luation du nouveau système d'information, qui devrait entrer en fonction cette semaine. Deuxièmement, nous nous entendrons sur les rencontres auxquelles tu dois assister et sur celles auxquelles tu assisteras si tu peux les insérer dans ton horaire. Troisièmement, nous prendrons quelques minutes, chaque vendredi, pour voir si cette façon de procéder te convient.»

Apprécier

Les collaborateurs sortent parfois des conversations de coaching sur la performance avec des sentiments négatifs face à eux-mêmes et face à leur leader. Il est particulièrement important que le leader termine une séance de confrontation par des commentaires positifs à propos de la performance de son collaborateur. Ces commentaires peuvent se rapporter à l'ensemble de la performance du collaborateur, aussi bien qu'aux contributions du collaborateur au cours de la conversation de coaching. L'objectif est qu'à la fin de la conversation le collaborateur s'engage à améliorer sa performance et ait confiance en sa capacité de s'améliorer. Voici des exemples d'énoncés d'appréciation :

- «Cette conversation a sans doute été difficile pour toi, mais je crois que nous sommes revenus sur la bonne voie. Il ne fait aucun doute pour moi que tu vas remettre le projet sur les rails.»
- «Tu m'as certainement donné une nouvelle perspective sur les problèmes qui concernent l'usine. Je sais maintenant que tu n'es pas satisfait non plus de la façon dont nous avons utilisé nos inspecteurs de la qualité. Avec le plan que tu as suggéré, je crois que

nous serons en bien meilleure position la semaine prochaine.»

* «Ton travail technique a toujours été excellent. Je crois que tu sais maintenant à quel point il est important que tu entretiennes des relations positives avec les autres ingénieurs, et le plan que nous avons établi va sans doute fonctionner parce que tu le veux.»

Résumé du deuxième procédé de coaching : l'amélioration de la performance

Les éléments fondamentaux à se rappeler à propos du procédé et des techniques du deuxième procédé de coaching sont :

1. Le deuxième procédé de coaching, l'amélioration de la performance, comporte les étapes et les objectifs suivants :

   1re étape : présenter le problème

   * Limiter la résistance et les émotions négatives
   * Délimiter le problème de performance
   * Établir une vision de changement

   2e étape : utiliser la réaction pour rassembler de l'information

   * Désamorcer la résistance
   * Rassembler de l'information
   * S'entendre sur le problème et ses causes

3e étape : résoudre
- Reconnaître le problème
- Assurer un suivi
- Entretenir une relation positive
- Prendre des engagements

2. Le deuxième procédé de coaching décrit ce qui se produit de façon typique dans des conversations de coaching réussi qui ont pour qualité de confronter un collaborateur à un problème de performance insuffisante, ou de confronter un collaborateur afin de le faire passer d'un niveau de performance satisfaisant à un niveau supérieur.

3. La dynamique générale du procédé est la même, que le problème soit une performance insuffisante ou un avancement à un niveau de performance plus élevé.

4. La deuxième étape, utiliser la réaction pour rassembler de l'information, est la plus difficile de toutes les conversations de coaching. Elle exige une attitude et une technique spécifique, permuter, et des techniques particulières pour rassembler davantage d'information.

5. Toutes les étapes du procédé sont interdépendantes, et il y a de façon générale des retours en arrière de la deuxième à la première étape et une reprise de la deuxième étape, etc., jusqu'à ce qu'on parvienne à un accord sur le problème et sur la façon de le résoudre. En général, toutefois, avec ce procédé on prend une direction, on atteint des résultats précis et on conclut.

6. C'est non pas le contenu spécifique du deuxième procédé mais le procédé même qui mène aux résultats généraux d'un coaching réussi.

7. La confrontation est un procédé positif et ne doit pas être confondue avec la critique.

8. Le leader rend souvent la confrontation inutilement difficile parce qu'il :

1) n'aborde pas les problèmes aussitôt que possible;

2) n'établit pas de normes de performance claires;

3) ne donne pas au bon moment un feedback suffisant sur la performance;

4) n'exprime pas d'appréciation sincère à ses collaborateurs pour leur contribution.

Dans les sections suivantes de ce chapitre on présente deux exemples de confrontation. Comme pour ceux du premier procédé, chacun mentionnera les étapes du procédé et les techniques utilisées.

Exemples du deuxième procédé de coaching : l'amélioration de la performance

Comment utiliser les exemples

Les exemples de cette section sont destinés à aider à appliquer au travail la compétence de confronter décrite dans ce chapitre. Les exemples illustrent les objectifs, les étapes et les techniques de la compétence de confronter. Ces modèles peuvent être de puissants outils d'apprentissage. Les suggestions qui suivent aident à faire un usage bénéfique de ces exemples.

1. Avant de lire un exemple, réviser le deuxième procédé de coaching et les techniques particulières reliées à chaque étape (voir figure 5).

2. Couvrir la colonne de droite de ces exemples et mettre à l'épreuve sa propre capacité d'identifier les étapes et les techniques.

3. S'entraîner à formuler la confrontation (première étape) en ses propres mots et mettre à l'épreuve sa formulation pour voir si elle satisfait aux critères : préciser, cerner le problème et orienter vers l'avenir.

4. Après avoir parcouru un exemple une fois, le relire en y substituant ses propres réponses à celles que le leader donne dans l'exemple.

Premier exemple : confronter une performance insuffisante

La confrontation réussie de problèmes de performance peut aider à :

- clarifier leurs objectifs de performance;
- identifier des performances insuffisantes;
- accepter des tâches plus difficiles;
- établir des stratégies pour améliorer la performance;
- s'engager à s'améliorer sans cesse.

Conversation	Commentaires
L : Merci d'être venue, Isabelle. Je sais que j'interromps ton travail, mais j'ai découvert un problème qu'il nous faut résoudre. Le service d'ingénierie m'a indiqué que ton personnel ne traite pas les rapports de panne terminés que les ingénieurs te donnent au taux hebdomadaire de 90 % que nous avons, toi et moi, établi avec eux, le mois dernier.	*1re étape* **Présenter le problème** *Préciser*

J'aimerais accomplir les deux choses suivantes avec toi ce matin. Premièrement, comment pouvons-nous rattraper le retard et nous débarrasser du travail accumulé? Deuxièmement, comment pouvons-nous nous assurer, à l'avenir, que nous remplirons notre engagement envers l'ingénierie?

Cerner le problème

Orienter vers l'avenir

C : Je vais faire de mon mieux avec ce que j'ai. Je sais que je suis en retard. Je sais que les ingénieurs sont embêtés. Mais franchement, j'ai l'impression d'être prise dans un dilemme. Je ne m'attendais absolument pas à affronter le genre de complications qui sont survenues depuis notre entente.

Le collaborateur réagit en se défendant et commence à donner les raisons du problème.

L : Alors, certains événements inattendus sont survenus depuis que nous avons établi l'objectif de 90 %.

Refléter/Permuter
2ᵉ étape
Utiliser la réaction pour rassembler de l'information

C : Certains événements inattendus, c'est peu dire. Les indications techniques pour les fiches de présentation ont été changées et rendues rétroactives pour tous les rapports de panne non retournés à l'ingénierie.

Il fallait alors évaluer tous les rapports en cours de traitement, enlever les vieilles fiches de présentation et en ajouter de nouvelles. Comme chaque nouvelle fiche de présentation exige aussi un énoncé de sommaire, nous avons dû en produire de nouvelles. Nous avons tenté de les écrire nous-mêmes afin d'enlever une partie du travail aux ingénieurs, mais ils ne voulaient pas parapher la plupart d'entre elles parce qu'ils n'aimaient pas notre formulation. Ils n'aimaient pas l'allusion à l'erreur humaine à cause des répercussions sur leur service. Dans certains cas, ils ne pouvaient donner de raison précise aux pannes et leur formation leur interdit d'écrire quoi que ce soit sans preuve.

L : Tu as donc accumulé un retard parce qu'il fallait changer les fiches de présentation.

Refléter

C : C'est ça. Mais ce n'est pas tout. Au moins 40 % des rapports de panne que l'ingénierie avait classés doivent être retournés à l'ingénierie à cause des erreurs. Alors, nous avons dû attendre que les ingénieurs fassent les changements et nous retournent les documents avant que nous puissions terminer notre travail.

L : Alors, tu crois que les ingénieurs mettent trop de temps à te retourner les documents.

Refléter

C : Ce n'est pas qu'ils prennent trop de temps. C'est qu'il y a trop de rapports qui contiennent des erreurs quand on les reçoit.

L : Dis-moi si j'ai bien compris. Premièrement, tu sais que nous n'atteignons pas notre objectif hebdomadaire de 90 % dans le traitement des rapports de panne. Deuxièmement, l'une des raisons du ralentissement, c'est que la fiche de présentation a été modifiée, et cela exige que tes collaborateurs refassent une partie du travail qu'ils avaient déjà terminé. Troisièmement, la nouvelle fiche de présentation exige un énoncé sommaire, que tu as dû ajouter, et l'ingénierie a eu des problèmes à t'aider là-dessus. Quatrièmement, comme il y a des erreurs dans au moins 40 % des rapports de panne que l'ingénierie t'a envoyés, ils ont dû être retournés pour être corrigés avant que tu puisses les traiter.

Résumer

C : C'est à peu près ça. J'avais espéré ramener le problème à de justes proportions avant que tu n'aies à t'en mêler, mais je n'y suis pas arrivée.

L : Je connais ce sentiment. Je n'aime pas parler de problèmes à mon patron quand je peux les régler moi-même. Si nous avons trouvé toutes les causes, que pouvons-nous faire, à présent? Qu'as-tu essayé jusqu'ici?

Se révéler
Explorer
(question ouverte)

C : J'ai rencontré les ingénieurs des systèmes et leur ai expliqué notre nouvelle fiche de présentation. Ils comprennent que le rapport va rebondir jusqu'à ce qu'ils indiquent une cause probable. Nous nous sommes entendus pour ne pas inscrire «erreur humaine» avant qu'ils aient des preuves très solides. Nous nous sommes également entendus pour employer l'expression «échec opérationnel» lorsqu'ils n'ont aucune idée des causes de la panne. Je sais que ça sonne faux, mais le système n'accepte aucune ligne vide. Nous ne pouvons pas fermer un dossier sans indiquer de cause probable.

L : Ça me semble bien. À ton avis, cette façon de procéder permettra-t-elle d'accélérer les choses?

Accuser réception
Explorer
(question fermée)

C : C'est déjà le cas.

L : Qu'est-ce que tu as fait d'autre?

Explorer
(question ouverte)

C : Nous avons commencé à trier les rapports de panne par système et à les traiter en lots. De cette façon, nous passons une journée avec la section électricité, puis nous faisons la mécanique, et ainsi de suite. Quand nous passons d'un système à un autre, il faut plus de temps pour nous y mettre.

L : Bien. Est-ce qu'il y a autre chose?   *Explorer (question fermée)*

C : Pour l'instant, c'est tout. Mais il y a une autre raison à notre retard. Nous avons les inspecteurs les moins expérimentés pour évaluer les dossiers. Nous devons garder les autres à l'usine où le travail se fait.

L : Alors, c'est une autre source de   *Refléter* retard : tu re retrouves avec des gens inexpérimentés pour faire le travail.

C : Oui. Ce sont tous de bons inspecteurs et ils travaillent vraiment fort. Mais ils ne sont aucunement familiers avec environ 80 % de ce qu'ils doivent évaluer.

L : Étant donné ce que tu as déjà fait,   *Explorer (question fermée)* quand peux-tu régler le travail accumulé? Quand t'attends-tu à commencer à atteindre l'objectif?

C : Actuellement, l'objectif est irréaliste. Avec mes ressources actuelles, nous obtiendrons 75 %, et ce, avec les changements que j'ai effectués.

L : Qu'est-ce que tu peux faire d'autre?

Explorer
(question ouverte)

C : J'ai besoin de plus de personnel qualifié, mais vraiment qualifié! Le simple fait de m'envoyer plus de personnel ne sera pas suffisant. Je n'ai pas le temps de les former, maintenant. Je crois que les ingénieurs satisfont mes attentes. Mais s'ils n'avaient pas changé la fiche de présentation, je crois que je serais arrivée près du but.

L : Alors, voyons où tu en es. Tu as formé l'ingénierie à rédiger les résumés de causes probables sur les fiches de présentation. Tu as changé la façon de traiter les documents et tu le fais de façon systématique, par lots. Mais même avec les changements que tu as faits, tu ne peux traiter qu'environ 75 % de l'arrivage hebdomadaire de rapports de panne. Cela veut dire que nous accumulons un arriéré de travail de 25 % par semaine.

Résumer

1re étape : Présenter le problème
Réitération de la 1re étape

Nous ne pouvons pas supporter ça. Nous devons atteindre le taux de 90 %.   *Préciser*

C : C'est difficile à prendre, mais je ne sais pas quoi faire à partir de là.

L : D'accord, et si nous t'envoyions un ingénieur pour s'occuper de tous les papiers auxquels il ne manque qu'un énoncé de cause probable sur la fiche de présentation? Cela libérerait ton personnel pour qu'il puisse procéder au reste de l'évaluation.

3e étape : Résoudre
Ressourcer/ Planifier

C : Ça vaudrait la peine d'essayer, pourvu que tu puisses trouver l'ingénieur. Je sais quel genre de réaction j'obtiendrais à cette étape-ci.

L : Je vais te trouver l'ingénieur. Donne-moi la liste des qualifications requises (ou indique-moi la personne que tu veux) avant deux heures.

Ressourcer/ Planifier

C : Tu l'auras. Je connais au moins trois ingénieurs qui feraient tout à fait l'affaire.

L : Ensuite, il faudra rapidement former ton personnel. J'aimerais que tu parles à Édouard du groupe de conception de logiciel. Il a dû former son nouveau personnel il y a quelques années. Selon tous les rapports, il a élaboré un système assez sophistiqué. D'ici après-demain, donne-moi tes meilleures idées pour accélérer la formation de ton personnel.

Ressourcer/ Planifier

C : D'accord.

L : Voici une dernière chose que je veux que tu fasses : examine les étapes que tu suis maintenant pour traiter un rapport de panne. Tu y trouveras peut-être des choses à améliorer. Évelyne, à la productivité, a une technique appelée «simplification du travail», qui a donné des résultats très positifs. Étudie-la et envoie-moi tes conclusions dans une semaine.

Ressourcer/ Planifier

Maintenant, nous avons établi un certain nombre de plans. Je crois que ça m'aiderait que tu me les répètes pour que nous sachions que nous parlons tous les deux le même langage.

Confirmer

C : Tu vas me trouver un ingénieur qui travaillera dans notre bureau pour traiter les documents qui ont seulement besoin d'un résumé de cause probable. Ensuite, tu veux que je rencontre Édouard pour élaborer un plan de formation rapide pour mon nouveau personnel. Tu veux ça pour après-demain. Finalement, tu veux que je communique avec Évelyne pour examiner comment on pourrait simplifier notre procédé de traitement des rapports de panne. Tu veux ces résultats dans une semaine.

L : Je crois que nous nous entendons sur tes prochaines étapes. Je crois que nous avons pris un bon départ dans la résolution de ce problème. Nous allons t'envoyer un ingénieur, tu vas élaborer un plan de formation rapide et essayer la stratégie de simplification du travail. Je sais que ton travail est difficile maintenant, mais je crois que tu peux le supporter. Je comprends mieux le problème, aussi. Si c'est humainement possible nous atteindrons bientôt cet objectif de 90 %.

Accuser réception
Réviser
Apprécier

Deuxième exemple : confronter un collaborateur et le stimuler à accepter une tâche plus complexe

Conversation

Commentaires

L : Christian, tu fais des estimations depuis un an déjà. J'ai observé ta performance et j'ai reçu des rapports positifs de ton superviseur. Nous ouvrons une succursale dans l'Ouest et j'aimerais que tu t'occupes des estimations là-bas. Tu serais seul pour un certain temps.

**1re étape :
Présenter le problème**
Cerner le problème

C : C'est très flatteur, mais je ne sais pas si je suis prêt. Tu sais, j'étais sur le terrain jusqu'à l'an dernier. J'ai dû apprendre l'estimation à partir de zéro. Chaque jour, j'apprends quelque chose de neuf. Sans superviseur, je crois que je pourrais rapidement faire des gaffes.

**2e étape :
Utiliser la réaction pour rassembler de l'information**

L : Alors, tu te considères encore en apprentissage.

Refléter

C : J'ai beaucoup appris et avec un peu plus de temps (disons encore six mois), je crois que je serai prêt. Mais maintenant, je ne sais vraiment pas. Je ne voudrais pas faire une erreur qui coûterait beaucoup d'argent à l'entreprise et perdre mon emploi.

L : Alors, tu crains surtout d'accepter un emploi au-delà de tes capacités et d'être blâmé pour avoir fait perdre de l'argent à l'entreprise.

Refléter

C : Eh bien, ça peut jouer dans les deux sens. Tu peux également faire perdre des clients à l'entreprise en me surestimant.

L : Je vois; tu crois que tu as encore beaucoup à apprendre. Tu crois que tu as besoin de quelqu'un pour discuter des choses avec toi avant de prendre une décision. Tu as peur de devoir coûter de l'argent à l'entreprise en sous-estimant ou en surestimant un projet. Et j'imagine que tu as l'impression d'être en danger de perdre ton emploi si tu fais une erreur. C'est bien cela?

Résumer

C : Ouais, c'est ça. Et quand tu le dis ainsi, j'ai l'impression d'être une espèce de lâche.

L : Ce n'est pas facile de faire une estimation tout seul. Quand j'ai fait ma première estimation de plus de 20 000 $, je n'ai pas dormi de la nuit jusqu'à ce que le travail soit terminé et que nous ayons reçu notre argent. Me permets-tu de vérifier une ou deux choses avec toi? Accepterais-tu l'emploi si tu croyais pouvoir bien le faire?

Se révéler
Explorer
(question fermée)

C : Bien sûr, j'ai l'intention de déménager là-bas un jour. Je ne suis tout simplement pas certain d'être prêt.

L : D'accord, tu veux l'emploi. Dis-moi ce qui te mettrait à l'aise pour te permettre de l'accepter.

Accuser réception
Explorer
(question ouverte)

C : J'aimerais commencer par les contrats d'au plus 10 000 $ et j'aimerais que quelqu'un révise mon travail pour les six premiers.

L : Mon but est de t'amener à être autonome aussitôt que possible. Avec notre taux de croissance, je vais avoir besoin que tu commences à former de nouveaux experts dans quelques mois. Voici ma proposition. Tu prends l'emploi et la responsabilité de tous les contrats de 10 000 $ et moins. Mais c'est toi qui décides. Si tu veux accepter quelque chose de plus grand, tu le fais. Je vais te donner trois mois. Après cela, je m'attends à ce que tu sois autonome. Tous les contrats qu'obtient la nouvelle succursale, tu les estimes. Tu travailleras à tous les estimés, mais je vais approuver tout ce qui dépasse 10 000 $. Aussi, nous nous attendons à ce que tu demandes de l'aide chaque fois que tu en as besoin, à moi ou à qui que ce soit au bureau.

Ressourcer

C : Eh bien, je serais idiot de ne pas essayer. Quand est-ce que tu veux que je commence?

L : Je veux que tu sois à la succursale au début du mois. Il y a une chose que tu peux faire entre-temps : aller chercher tous les contrats de centrale électrique que nous avons estimés l'an dernier. C'est le genre de choses qui constitueront tes gros contrats. Choisis-en un ou deux et analyse-les. Puis, reviens me voir si tu as des questions et nous allons les réviser.

3e étape :
Résoudre
Planifier

C : D'accord, je vais faire ça et je te reviens à la fin de la semaine prochaine.

L : Nous avons traité de beaucoup de choses. Je ne veux pas de surprises et toi non plus. Dis-moi sur quoi nous nous sommes entendus.

Confirmer et Réviser

C : Je vais me rendre à la nouvelle succursale au début du mois prochain. On s'attend à ce que je sois autonome d'ici trois mois. Jusque-là, je serai responsable des contrats de 10 000 $ et moins — à moins que je choisisse de dépasser ce montant. Je ferai tout le travail des estimations de contrats, mais tu les réviseras et prendras la responsabilité de ceux qui dépasseront 10 000 $. Je pourrai obtenir toute l'aide que je veux de toi et des autres au bureau. Et tu veux que je revoie les estimations de centrales électriques et que je t'en apporte deux avec mes questions.

L : Ça résume bien notre entente. Je sais que tu vas faire de l'excellent travail pour nous. Si je te laissais où tu te trouves maintenant, je crois que tu deviendrais vite frustré par les limites de tes responsabilités. Tu en sais à peu près autant que tout le monde ici dans le domaine, et ça représente 90 % de l'estimation.

Accuser réception
Apprécier

Résumé du chapitre 4

Les premier et deuxième procédés de coaching ont ces ressemblances importantes :
- Les deux ont trois étapes interdépendantes.
- Le deuxième procédé utilise un grand nombre des techniques du premier procédé, surtout les techniques visant à rassembler de l'information telles qu'accueillir, accuser réception, explorer, refléter et résumer.
- La deuxième étape des deux procédés vise surtout à rassembler de l'information.

Les premier et deuxième procédés diffèrent des façons suivantes :
- Dans le premier procédé, le leader ou le collaborateur peut engager la conversation. Dans le deuxième procédé, c'est toujours le leader qui perçoit le besoin d'un changement dans la performance.
- Parce que la première étape du deuxième procédé commence par une confrontation, ce procédé suscite le plus souvent chez le collaborateur une plus forte résistance que le premier procédé.
- On met davantage l'accent sur la reconnaissance du problème au deuxième procédé qu'au premier procédé. La confrontation débute lorsque le leader perçoit un problème. Au commencement de la confrontation, le problème appartient au leader, *et non à son collaborateur*. L'objectif de la confrontation est de transférer la responsabilité appropriée du leader à son collaborateur — ou du moins de développer le sentiment d'un partage de responsabilité.

Chapitre 5

Le coaching, un outil essentiel au leader

Le mot «coaching» désigne ici des conversations qu'ont les leaders avec leurs collaborateurs lorsqu'ils utilisent leurs compétences «conseiller», «guider», «former» et «confronter». Mais le coaching peut également s'appliquer à d'autres gestes et à d'autres conversations importantes avec leurs collaborateurs. En ce sens, le mot *coaching* décrit un *style* de leadership. On l'utilise le plus souvent pour décrire des leaders qui démontrent trois caractéristiques générales dans leur pratique : 1° ils reconnaissent les limites de l'approche fondée sur le *contrôle* de leurs collaborateurs et essaient plutôt de développer l'engagement; 2° ils ont un contact personnel approfondi avec leurs collaborateurs; 3° ils s'investissent fortement dans le développement du potentiel de leurs collaborateurs.

Cette attitude se retrouve dans les compétences «conseiller», «guider», «former» et «confronter». Pour mener ces entretiens à bien, le leader doit développer l'engagement par des contacts personnels approfondis et fortement orientés vers le développement du potentiel. Autrement dit, pour réussir dans les quatre compétences en coaching, le leader doit avoir un «style» de coach. Les leaders ne sont pas tous des coachs, mais tous les leaders *performants* en sont.

Ce que font les cadres et les leaders performants

Au fil des ans, j'ai réalisé une série d'études afin de déterminer ce que font les cadres et les leaders performants. Il y a une distinction importante entre un cadre et un leader : «cadre» est un rôle organisationnel assigné, tandis que «leader» est un rôle que chacun peut assumer. Ainsi, les cadres ne sont pas tous des leaders et les leaders ne sont pas tous des cadres.

Cependant, dans les entreprises les gens ont tendance à identifier les cadres comme des leaders plus souvent que tout autre ensemble de collaborateurs. En étudiant les leaders performants dans les entreprises, nous étudions inévitablement les cadres. Par conséquent, je crois que mes conclusions à propos des leaders performants peuvent s'appliquer aux cadres.

Les cadres performants

Il y a huit ensembles de pratiques qui distinguent les cadres performants. Ces derniers sont :

1. *Axés sur l'action :* Le cadre se concentre sur la tâche; il s'applique à réaliser des choses, à atteindre des objectifs et à résoudre des problèmes qui font obstacle au progrès.

2. *Axés sur la performance :* Le cadre se concentre sur les normes de qualité et de productivité les plus élevées possible.

3. *Axés sur l'amélioration :* Le cadre se concentre sur la recherche d'une amélioration continue et sur l'établissement d'objectifs d'amélioration concrète dans l'équipe.

4. *Axés sur le contact :* Le cadre reste en contact avec tous les membres de l'équipe et avec les utilisateurs des produits et des services fournis par l'équipe.

5. *Axés sur la relation :* Le cadre développe et entretient des relations de travail positives à l'intérieur et en dehors de l'équipe.

6. *Axés sur le développement :* Le cadre se concentre sur le développement des compétences et des carrières des membres de l'équipe.

7. *Axés sur l'équipe :* Le cadre se préoccupe du développement de la coopération au sein de l'équipe et de l'engagement envers les objectifs communs.

8. *Axés sur l'intégrité :* Le cadre fait preuve en tout temps de normes très élevées d'éthique et de travail.

Un grand nombre de ces pratiques des cadres performants s'appuie sur les trois éléments du coaching (engagement, contact et développement); les quatre ha-bi-le-tés en coaching, conseiller, guider, former et confronter; et diverses actions de coaching telles qu'encourager, donner du feedback, féliciter, démontrer une technique, stimuler, etc.

Les cadres performants se concentrent sur le contact, la relation, le développement et le travail en équipe, qui sont tous des éléments fondamentaux du coaching. Cette relation est encore plus évidente quand on considère des exemples de pratiques précises inclus dans certains de ces ensembles.

Sous l'axe de la relation, par exemple, nous trouvons les pratiques suivantes :

- Faire face au bon moment aux problèmes de relations de travail d'une façon positive;
- Encourager les autres à être francs et ouverts dans l'expression de leurs opinions;
- Traiter les opinions des autres avec respect;
- Être franc avec les autres dans l'expression de ses propres idées et de ses sentiments;
- Maintenir des relations détendues et spontanées avec ses collaborateurs.

Chacune de ces pratiques est essentielle pour mener à bien l'une ou l'autre des conversations de coaching, que ce soit pour conseiller, guider, former ou confronter.

Sous l'axe du développement, nous découvrons des pratiques de coaching encore plus explicites. Entre autres, le cadre emploie les pratiques suivantes :

- Rencontrer régulièrement ses collaborateurs pour développer leurs compétences présentes et futures;
- Aider ses collaborateurs à bien supporter la déception;
- Déléguer largement et éviter la micro-gestion;
- Informer régulièrement ses collaborateurs des valeurs et des pratiques de la haute direction;

- S'assurer que tous les membres de l'équipe de travail sont régulièrement engagés dans des activités de formation pour améliorer leur performance présente et future.

Ainsi, il y a beaucoup de ressemblance entre le coaching et les pratiques des cadres performants. Lorsque nous tentons de décrire les pratiques des cadres supérieurs, nous finissons par les décrire comme du coaching.

Les leaders performants

Les études que j'ai effectuées sur les leaders performants indiquent que ceux-ci partagent six ensembles de pratiques communes. Ces ensembles sont :

1. *Établir une vision :* Les leaders performants formulent des attentes de réalisations significatives durables. Ils donnent un sens au travail en reliant même les tâches les plus banales à des objectifs valorisés.

2. *Stimuler leurs collaborateurs à acquérir de nouvelles compétences :* les leaders performants stimulent leurs collaborateurs à mobiliser leur esprit et leur volonté et à se dépasser. Ils partagent librement leur propre expertise et gardent leurs collaborateurs en contact avec de nouvelles ressources.

3. *Aider leurs collaborateurs à surmonter les obstacles :* les leaders performants aident leurs collaborateurs à surmonter les obstacles. Ils les aident à trouver le courage et la force de persévérer même devant les plus grandes difficultés.

4. *Aider leurs collaborateurs à surmonter l'échec :* les leaders performants aident leurs collaborateurs à faire face à
   l'échec et à la déception. Ils s'empressent d'offrir de nouvelles chances aux gens qui échouent.
5. *Mener par l'exemple :* les leaders performants sont des
   modèles d'intégrité et de travail acharné. Ils établissent les
   attentes les plus élevées pour eux-mêmes et pour les
   autres.
6. *Inclure leurs collaborateurs dans leur succès :* les leaders
   performants s'empressent de partager les feux de la
   rampe avec leurs collaborateurs. Les gens associés aux
   leaders performants ont l'impression d'avoir réussi autant
   que les leaders.

La correspondance entre les pratiques de leadership efficace et le coaching est frappante. On pourrait décrire
chacun des six ensembles de pratiques de leadership efficace comme des pratiques de coaching recommandées.

Par exemple, voici les pratiques précises incluses dans
«établir une vision» :

- Aider ses collaborateurs à croire à l'importance du-
  rable de leur travail;
- Aider régulièrement ses collaborateurs à accepter de
  nouveaux défis;
- Aider ses collaborateurs à ne pas se sentir embourbés
  dans des tâches ingrates;
- Encourager régulièrement ses collaborateurs à travailler à atteindre des objectifs qui constituent des
  défis;

- Inspirer généralement ses collaborateurs à se dépasser afin de faire avancer leur travail.

Au début de ce livre, j'ai décrit des indicateurs d'engagement tels que la vision et le dépassement de soi, et j'ai indiqué que, pour les leaders, l'une des quatre stratégies de développement de l'engagement consiste à communiquer avec clarté leur vision, leurs buts et leurs valeurs. L'ensemble des pratiques de leadership efficace énumérées ci-dessus sert à établir une vision et à encourager le dépassement grâce à la clarté.

Les pratiques de leadership efficace incluses dans «stimuler ses collaborateurs à acquérir de nouvelles compétences» sont :

- Encourager souvent ses collaborateurs à essayer des idées créatrices;
- Suggérer souvent à ses collaborateurs de nouvelles façons d'aborder les problèmes;
- Mettre régulièrement ses collaborateurs en contact avec des sources d'information récente et d'idées nouvelles;
- Partager librement sa propre expertise avec ses collaborateurs;
- Amener souvent ses collaborateurs à développer une nouvelle compréhension.

Ces compétences correspondent clairement aux ha-bi-le-tés à guider et à former.

Un dernier exemple des parallèles entre le leadership efficace et le coaching se retrouve sous l'ensemble de pratiques de leadership efficace «aider ses collaborateurs à surmonter les obstacles». Cet ensemble comprend les pratiques suivantes :

- Encourager ses collaborateurs à ne pas abandonner, peu importent les obstacles;
- Aider souvent ses collaborateurs à trouver de nouvelles ressources de force personnelle;
- Aider souvent ses collaborateurs à trouver des façons créatrices de franchir les obstacles;
- Donner à ses collaborateurs un soutien particulier lorsqu'ils font face à des obstacles difficiles dans leur travail;
- Attirer régulièrement l'attention sur les forces de ses collaborateurs.

La réponse à la question «Que font vraiment les cadres et les leaders performants?», c'est «Du coaching!»

Conclusion

Devenir coach

Le coaching constitue une compétence essentielle aux leaders. Il forme une grande part de leurs capacités d'encadrement. Il est clair que les cadres efficaces et les leaders efficaces pratiquent le coaching — et le font bien. La bonne nouvelle, c'est que les leaders peuvent apprendre l'ensemble des pratiques de leadership qu'on appelle le coaching. La plupart de ces pratiques sont incluses dans les compétences «conseiller», «guider», «former» et «confronter». Ces compétences s'appliquent dans des séries de conversations de coaching.

Toutes les conversations de coaching prennent la forme de l'un des deux procédés de base : le premier procédé de coaching, la résolution de problèmes, ou le deuxième procédé de coaching, l'amélioration de la performance. L'apprentissage et l'utilisation de ces procédés peuvent constituer de puissantes stratégies pour quiconque veut devenir un leader efficace.

Comment devenir un coach

Pour participer à une formation, obtenir une consultation ou obtenir de plus amples renseignements sur cette approche, communiquer avec les organismes suivants :

CANADA :
Actualisation
Place du Parc, C.P. 1142, 300, rue Léo-Pariseau, Bureau 705,
Montréal, (Québec) H2W 2P4
Président : Jacques Lalanne, Directeur : Nicholas Campeau
Tél. : (514) 284-2622 Téléc. : 284-2625
formatio@actualisation.com

FRANCE
Gordon Management
7 rue de Surène
75008 Paris
Président : Didier Hauvette, Directrice : Joëlle Carte
Tél. : (1) 47.42.19.18 Téléc. : (1) 47.42.12.44

BELGIQUE ET LUXEMBOURG
Gordon Enterprises
195, av. Winston-Churchill
B-1180 Bruxelles
Président-directeur : Adrien Dulait
Tél. : (32-2) 344.21.17   Téléc. : (32-2) 375.70.35

SUISSE
IBT - Ressources humaines
Case postale 339
CH-1224 Chêne-Bougeries, Genève
Président-directeur : Bruno Savoyat
Tél. : (022) 869.11.04   Téléc. : (022) 869.11.01
IBT@iprolink.ch

La collection
Le Coaching

Ce livre fait partie d'une *collection* qui présente une méthodologie de formation au coaching.

L'ensemble fournit une théorie solide, des outils d'évaluation fiables et valides, des démonstrations filmées, un programme structuré de formation et des exercices d'apprentissage sur **Le coaching**.

La *collection Coaching* comprend :

Adieu patron! Bonjour coach! (ce livre théorique)

Le guide du formateur

Le manuel du participant

Le vidéo de démonstration

L'inventaire des compétences en coaching - évaluation et analyse

Le questionnaire de compétences en résolution de problèmes

AUTRES TITRES PARUS
AUX ÉDITIONS TRANSCONTINENTAL

Collection Affaires PLUS

S'enrichir grâce à un portefeuille de valeurs mobilières
Charles K. Langford

21,95 $
168 pages, 1998

Partez l'esprit en paix
Sandra E. Foster

24,95 $
392pages, 1998

S'enrichir grâce aux fonds communs de placement
Nicole Lacombe et Linda Patterson

18,95 $
227 pages, 1998

Guide de planification de la retraite (cédérom inclus)
Samson Bélair/Deloitte & Touche

34,95 $
392 pages, 1998

Guide de planification financière (cédérom inclus)
Samson Bélair/Deloitte & Touche

37,95 $
392 pages, 1998

Comment réduire vos impôts (10e édition)
Samson Bélair/Deloitte & Touche

16,95 $
276 pages, 1998

Les fonds vedettes 1998
Riley Moynes et Michael Nairne

21,95 $
320 pages, 1998

La bourse : investir avec succès (2e édition)
Gérard Bérubé

36,95 $
420 pages, 1997

Collection Communication visuelle

Comment constuire une image
Claude Cossette

29,95 $
144 pages, 1997

L'idéation publicitaire
René Déry

29,95 $
144 pages, 1997

Les styles dans la communication visuelle
Claude Cossette et Claude A. Simard

29,95 $
144 pages, 1997

Comment faire des images qui parlent
Luc Saint-Hilaire

29,95 $
144 pages, 1997

Collection Ressources humaines

L'intelligence émotionnelle au travail
Hendrie Weisinger

29,95 $
288 pages, 1997

Vendeur efficace
Carl Zaiss et Thomas Gordon

34,95 $
360 pages, 1997

Adieu patron! Bonjour coach!
Dennis C. Kinlaw

24,95 $
200 pages, 1997

Collection principale

Les entreprises de services
Une approche client gagnante
Benoît Paquin et Normand Turgeon

39,95 $
428 pages, 1998

Internet, intranet, extranet : comment en tirer profit
CEVEIL

24,95 $
240 pages, 1998

La créativité en action
Claude Cossette

24,95 $
240 pages, 1998

Guide des franchises et du partenariat au Québec (4ᵉ édition)
Institut national sur le franchisage et le partenariat

36,95 $
464 pages, 1997

Solange Chaput-Rolland
La soif de liberté
Francine Harel-Giasson et Francine Demers

21,95 $
200 pages, 1997

Crédit et recouvrement au Québec (3ᵉ édition)
La référence pour les gestionnaires de crédit
Lilian Beaulieu, en collaboration avec N. Pinard et J. Demers

55 $
400 pages, 1997

Le télétravail
Yves Codère

27,95 $
216 pages, 1997

Le Québec économique 1997
Panorama de l'actualité dans le monde des affaires
Michèle Charbonneau, Lilly Lemay et Richard Déry

27,95 $
240 pages, 1997

Les fondements du changement stratégique
Taïeb Hafsi et Bruno Fabi

39,95 $
400 pages, 1997

Le nouveau management selon Harrington
Gérer l'amélioration totale
H. James Harrington et James S. Harrington

59,95 $
600 pages, 1997

**Comprendre et mesurer
la capacité de changement des organisations**
Taïeb Hafsi et Christiane Demers

36,95 $
328 pages, 1997

DMR : la fin d'un rêve
Serge Meilleur

27,95 $
308 pages, 1997

L'entreprise et ses salariés, volume 1
Desjardins Ducharme Stein Monast

44,95 $
408 pages, 1996

Rebondir après une rupture de carrière
Georges Vigny

29,95 $
300 pages, 1996

La stratégie des organisations
Une synthèse
Taïeb Hafsi, Jean-Marie Toulouse et leurs collaborateurs

39,95 $
630 pages, 1996

La création de produits stratégiques
Une approche gagnante qui vous distinguera de la concurrence
Michel Robert, en collaboration avec Michel Moisan et Jacques Gauvin

24,95 $
240 pages, 1996

L'âge de déraison
Charles Handy

39,95 $
240 pages, 1996

Croître
Un impératif pour l'entreprise
Dwight Gertz et João Baptista

39,95 $
210 pages, 1996

Structures et changements
Balises pour un monde différent
Peter Drucker

44,95 $
304 pages, 1996

Du mécanique au vivant
L'entreprise en transformation
Francis Gouillart et James Kelly

49,95 $
280 pages, 1996

Ouvrez vite !
Faites la bonne offre, au bon client, au bon moment
Alain Samson, en collaboration avec Georges Vigny

29,95 $
258 pages, 1996

Évaluez la gestion de la qualité dans votre entreprise (logiciel)
Howard B. Heuser

119,95 $
1996

Le choc des structures
L'organisation transformée
Pierre Beaudoin

26,95 $
194 pages, 1995

L'offre irrésistible
Faites du marketing direct l'outil de votre succès
Georges Vigny

26,95 $
176 pages, 1995

Le temps des paradoxes
Charles Handy

39,95 $
271 pages, 1995

La guerre contre Meubli-Mart
Alain Samson

24,95 $
256 pages, 1995

La fiscalité de l'entreprise agricole
Samson Bélair/Deloitte & Touche

19,95 $
224 pages, 1995

Vendre aux entreprises	**34,95 $**
Pierre Brouillette	356 pages, 1992
Objectif qualité totale	
Un processus d'amélioration continue	**34,95 $**
H. James Harrington	326 pages, 1992

Collection Entreprendre

Faites le bilan social de votre entreprise	**21,95 $**
Philippe Béland et Jérôme Piché	136 pages, 1998
Comment bâtir un réseau de contacts solide	**18,95 $**
Lise Cardinal	144 pages, 1998
S'associer pour le meilleur et pour le pire	**21,95 $**
Anne Geneviève Girard	136 pages, 1998
Correspondance d'affaires anglaise	**27,95 $**
B. Van Coillie-Tremblay, M. Bartlett et D. Forgues-Michaud	400 pages, 1998
Profession : patron	**21,95 $**
Pierre-Marc Meunier	152 pages, 1998
Comment gagner la course à l'exportation	**27,95 $**
Georges Vigny	200 pages, 1997
La révolution du Savoir dans l'entreprise	**24,95 $**
Fernand Landry	168 pages, 1997
Comment faire un plan de marketing stratégique	**24,95 $**
Pierre Filiatrault	206 pages, 1997
Profession : travailleur autonome	**24,95 $**
Sylvie Laferté et Gilles Saint-Pierre	272 pages, 1997
Devenez entrepreneur 2.0 (version sur cédérom)	
Plan d'affaires	**69,95 $**
Alain Samson, en collaboration avec Paul Dell'Aniello	1997
Devenez entrepreneur 2.0 (version sur disquettes)	
Plan d'affaires	**39,95 $**
Alain Samson	4 disquettes, 1997
Réaliser son projet d'entreprise	**27,95 $**
Louis Jacques Filion et ses collaborateurs	268 pages, 1997
Des marchés à conquérir	
Guatemala, Salvador, Costa Rica et Panama	**44,95 $**
Pierre-R. Turcotte	360 pages, 1997
La gestion participative	
Mobilisez vos employés !	**24,95 $**
Gérard Perron	212 pages, 1997

Marketing gagnant
Pour petit budget   24,95 $
Marc Chiasson   192 pages, 1995

Faites sonner la caisse !!!
Trucs et techniques pour la vente au détail   24,95 $
Alain Samson   216 pages, 1995

En affaires à la maison
Le patron, c'est vous !   26,95 $
Yvan Dubuc et Brigitte Van Coillie-Tremblay   344 pages, 1994

Le marketing et la PME
L'option gagnante   29,95 $
Serge Carrier   346 pages, 1994

Développement économique
Clé de l'autonomie locale   29,95 $
Sous la direction de Marc-Urbain Proulx   368 pages, 1994

Votre PME et le droit (2ᵉ édition)
Enr. ou inc., raison sociale, marque de commerce
et le nouveau Code Civil   19,95 $
Michel A. Solis   136 pages, 1994

Mettre de l'ordre dans l'entreprise familiale
La relation famille et entreprise   19,95 $
Yvon G. Perreault   128 pages, 1994

Pour des PME de classe mondiale
Recours à de nouvelles technologies   29,95 $
Sous la direction de Pierre-André Julien   256 pages, 1994

Famille en affaires
Pour en finir avec les chicanes   24,95 $
Alain Samson en collaboration avec Paul Dell'Aniello   192 pages, 1994

Profession : entrepreneur
Avez-vous le profil de l'emploi ?   19,95 $
Yvon Gasse et Aline D'Amours   140 pages, 1993

Entrepreneurship et développement local
Quand la population se prend en main   24,95 $
Paul Prévost   200 pages, 1993

Comment trouver son idée d'entreprise (2ᵉ édition)
Découvrez les bons filons   19,95 $
Sylvie Laferté   159 pages, 1993

L'entreprise familiale (2ᵉ édition)
La relève, ça se prépare !   24,95 $
Yvon G. Perreault   292 pages, 1993

Le crédit en entreprise
Pour une gestion efficace et dynamique   19,95 $
Pierre A. Douville   140 pages, 1993

La passion du client
Viser l'excellence du service
Yvan Dubuc

24,95 $
210 pages, 1993

Entrepreneurship technologique
21 cas de PME à succès
Roger A. Blais et Jean-MarieToulouse

29,95 $
416 pages, 1992

Devenez entrepreneur (2e édition)
Pour un Québec plus entrepreneurial
Paul-A. Fortin

27,95 $
360 pages, 1992

Correspondance d'affaires
Règles d'usage françaises et anglaises et 85 lettres modèles
Brigitte Van Coillie-Tremblay, Micheline Bartlett
et Diane Forgues-Michaud

24,95 $
268 pages, 1991

Autodiagnostic
L'outil de vérification de votre gestion
Pierre Levasseur, Corinne Bruley et Jean Picard

16,95 $
146 pages, 1991

Transcontinental
IMPRESSION
IMPRIMERIE GAGNÉ

IMPRIMÉ AU CANADA